Rudolf Köhler

RÄUMLICHES DENKEN

Übungen

Cornelsen

Für den Gebrauch an Schulen

Bestellnummer 421287
1. Auflage
Druck 4 3 2 1 / 95 94 93 92
Alle Drucke derselben Auflage sind im Unterricht parallel verwendbar.

Vertrieb: Cornelsen Verlagsgesellschaft, Bielefeld
Satz: Satz-Zentrum West GmbH, Dortmund
Gesamtherstellung: Lengericher Handelsdruckerei, Lengerich/Westfalen

ISBN 3-464-42128-7

Vorwort

Die Aufgabenreihe ist eine Übungshilfe für jeden, der in seinem Beruf über ein sicheres räumliches Vorstellungsvermögen verfügen muß.

Die Beispiele und die Reihenfolge der Aufgaben wurden vom Autor auf Grundlage einer langjährigen Erfahrung in der beruflichen Erstausbildung und der Ausbildung von Fachlehrern im Fach Technische Kommunikation gestaltet.

Besonders werden Auszubildende und Lehrkräfte der metallbearbeitenden Berufe angesprochen.

Es gibt vier, im Schwierigkeitsgrad steigende Aufgabengruppen:

1. Aufnehmen und Umsetzen
2. Durchdringen und Abwickeln
3. Detaillieren und Komplettieren
4. Konstruieren

Am Anfang jeder Aufgabengruppe wird die Zielstellung erläutert.

Zur Lösung jeder Aufgabe werden Ansätze angeboten:

- Auswahl aus vorgegebenen Möglichkeiten	(Ausw.)
- richtige Zuordnung vertauschter Lösungen	(Zuord.)
- Ergänzung fehlender Ansichten, Einzelteile oder Baugruppen	(Erg.)

Die Aufgabensammlung ist sowohl Unterrichtsmittel als auch handlungsorientierte Anleitung beim Selbststudium.

An Hinweisen zur Verbesserung der Aufgabenreihe ist der Autor stets sehr interessiert.

Rudolf Köhler

Inhaltsverzeichnis

1. Abschnitt

Aufnehmen und Umsetzen

Im ersten Abschnitt dieser Aufgabenreihe überwiegen zeichnerische Grundlagen im Sinne der Wiederholung. Das Aufnehmen von technisch realen Gegenständen in die räumliche oder flächige Darstellung oder das Umsetzen der flächigen in die räumliche Darstellung oder umgekehrt sind Hauptinhalt.

Wenn es um die Ergänzung der 3. Ansicht oder um das Auffinden der richtigen Draufsicht geht, wenn Profilstähle gedanklich gedreht darzustellen sind, wenn komplizierte Formelemente von der räumlichen Darstellung in die flächige Darstellung umzusetzen sind, werden auch schon wesentliche Forderungen an das Vorstellungsvermögen gestellt.

Aufgabe 1 — Schloßteile

Auf diesem Testblatt sind 3 Schloßteile: Falle, Riegel und Schließblech, jedoch einerseits für eine linksschlagende und andererseits für eine rechtsschlagende Tür dargestellt. Außerdem ist jedes Schloßteil für das linke wie für das rechte Schloß zweimal abgebildet. Das ist entscheidend für die Aufgabenlösung.

Aufgabe Versuchen Sie, aus den vorliegenden Abbildungen die zwei völlig gleichen Schloßteile für das linke und für das rechte Schloß herauszufinden und deren Kennbuchstaben in das Lösungsfeld untereinander einzutragen.

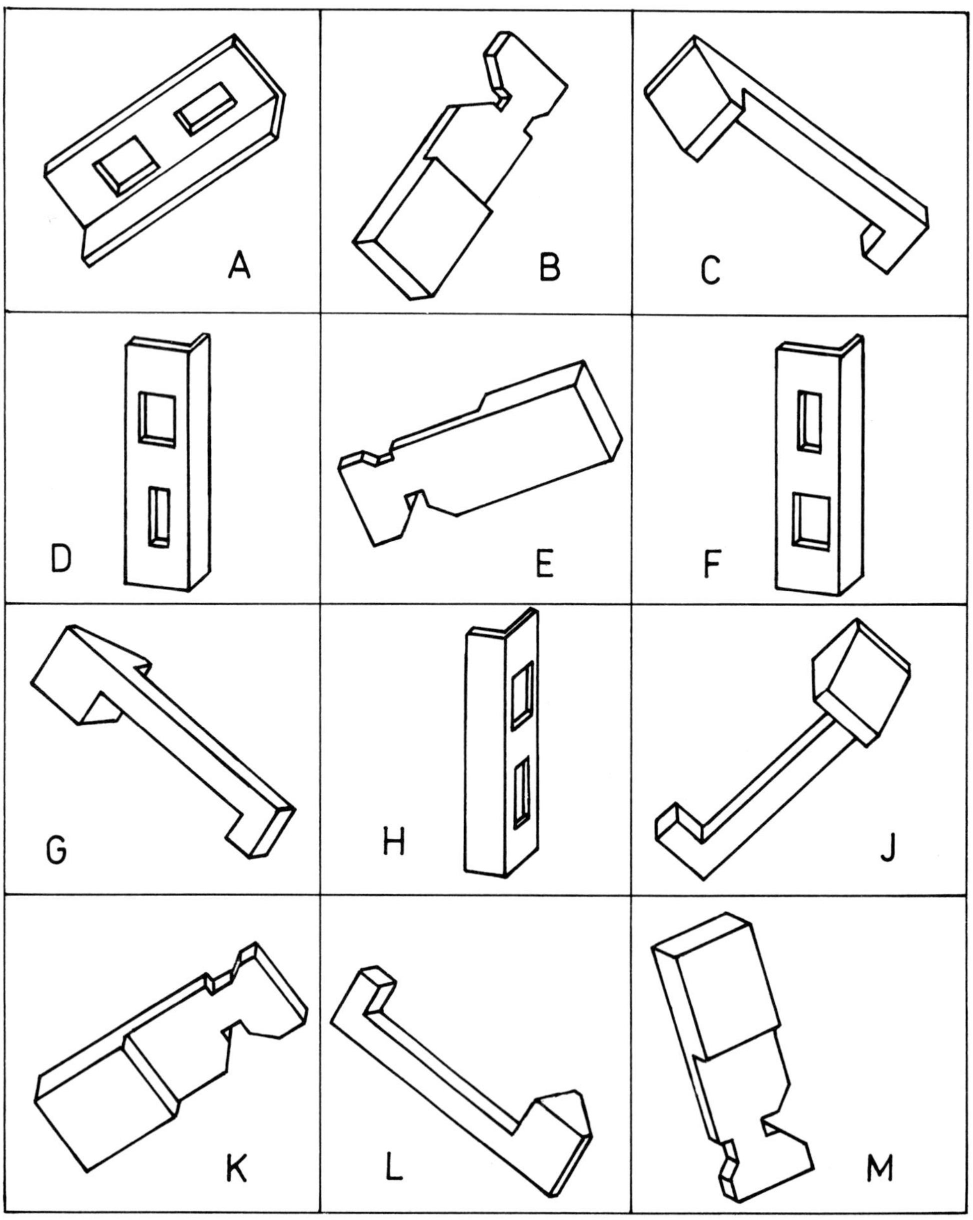

Aufgabe 2 — Profilstähle, gedreht dargestellt

4 Profilstähle auf dem Arbeitsblatt sollen helfen, Ihr räumliches Vorstellungsvermögen zu testen bzw. zu entwickeln. Jeder Profilstahl soll nach je 1/4 Drehung zeichnerisch fixiert werden.

Aufgabe In die vorgegebenen Eckpunkte im Lösungsfeld sind die Profilstähle, jeweils um 1/4 nach rechts gedreht, einzuzeichnen.

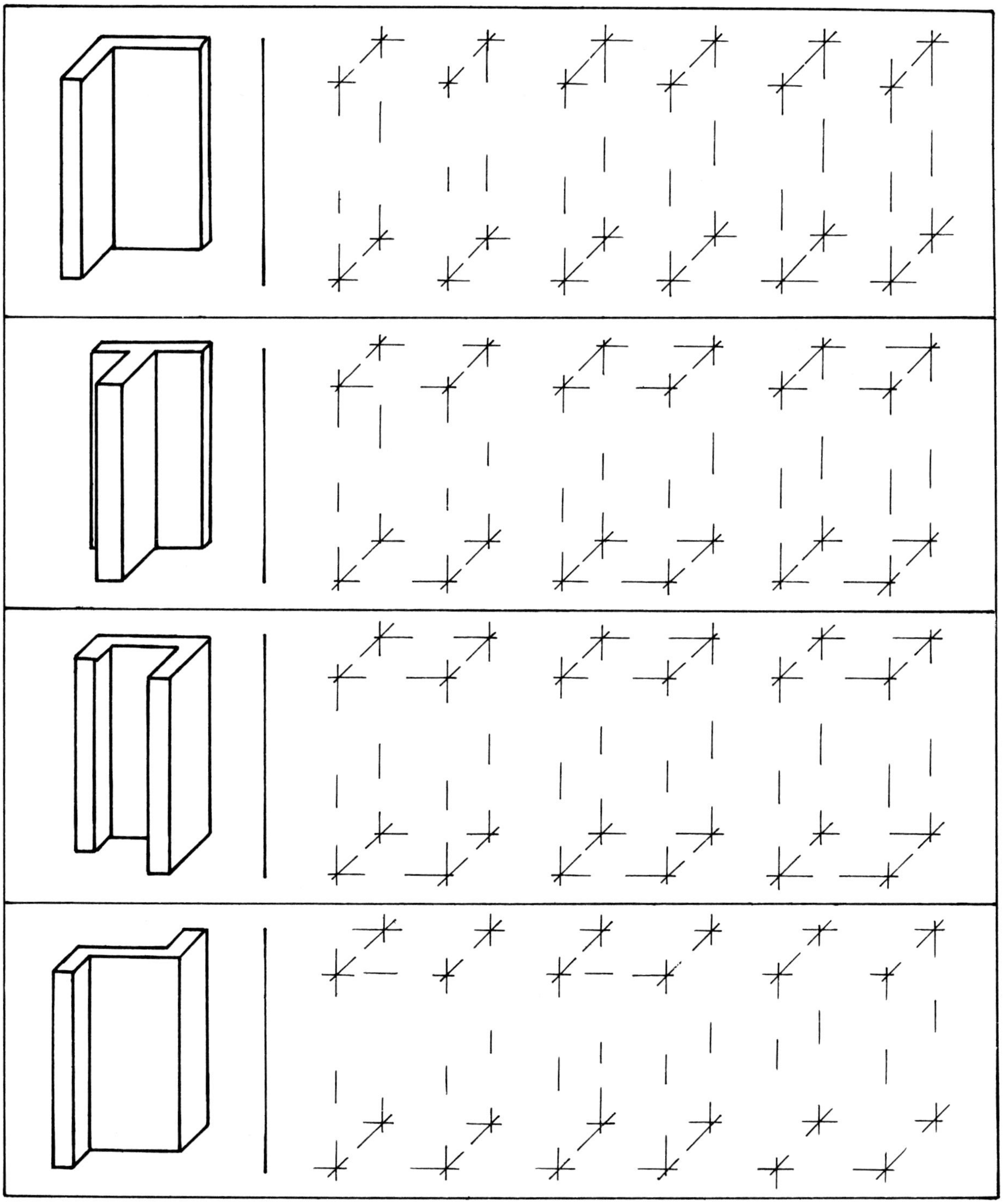

Aufgabe 3 Formteile I

Formteile, wie z.B. Ausrücknocken, Gelenkstück, Winkelhebel sind auf dem Testblatt flächig, also in Normalprojektion und räumlich umgesetzt in je 4 Lösungsvorschlägen dargestellt. Die Formteile in der räumlichen Dimension (A bis D) stimmen nur teilweise mit der flächigen Darstellung überein. Von den 4 Lösungsvorschlägen ist immer nur einer richtig. Wenn man die Darstellungen miteinander vergleicht, läßt sich die richtige Lösung finden.

Aufgabe Versuchen Sie, bei den 6 Aufgaben zu erkennen, welcher von den jeweils 4 Lösungsvorschlägen (A bis D) der Darstellung in den Ansichten entspricht.
Tragen Sie das Ergebnis in das Lösungsfeld ein.

1	2	3	4	5	6
C	B	D	C	D	C

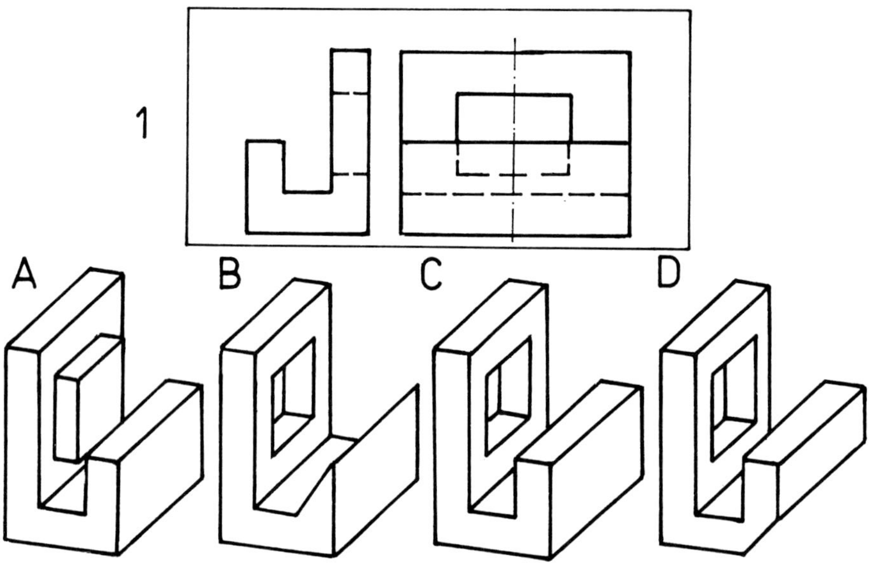

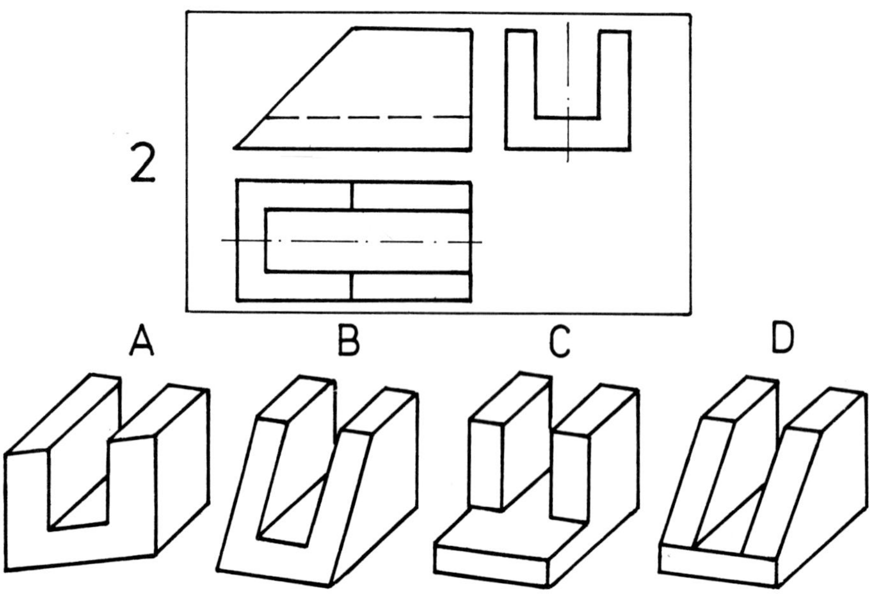

3

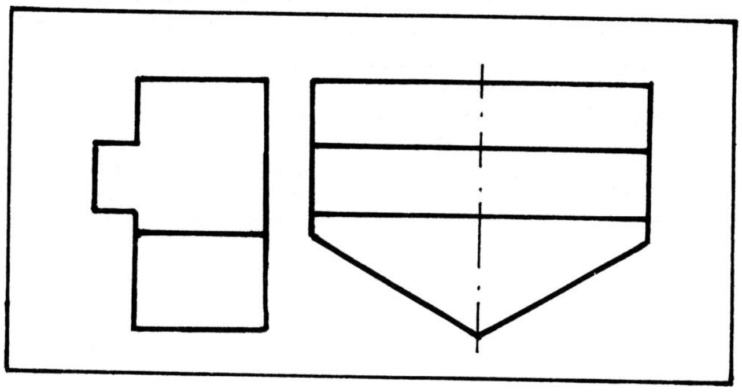

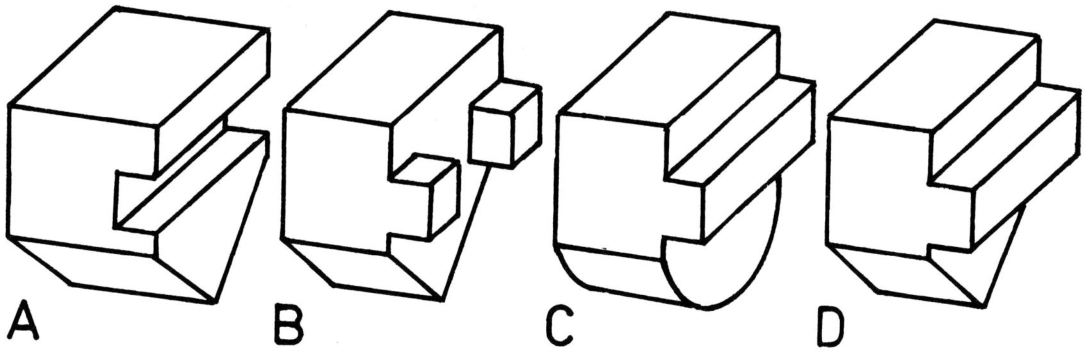

4

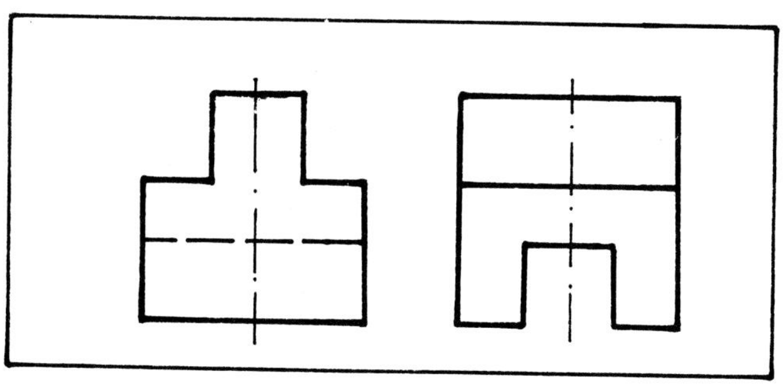

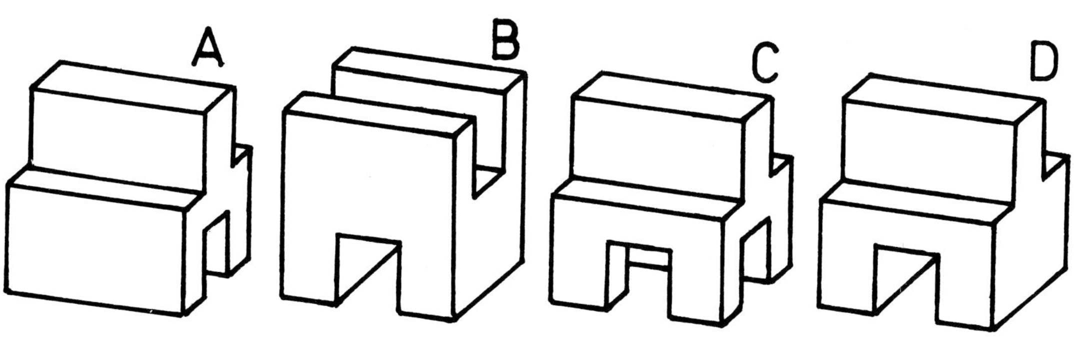

5

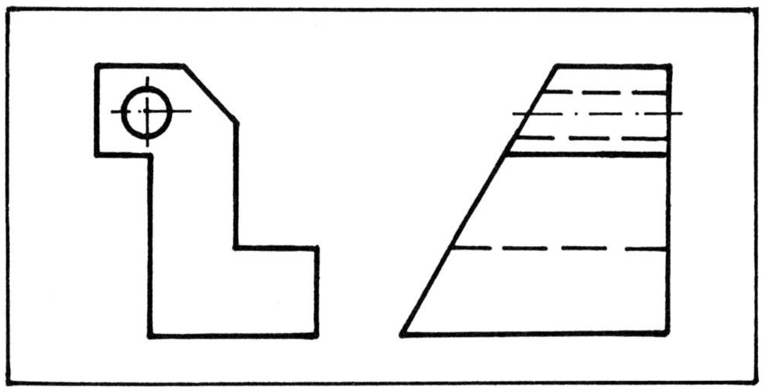

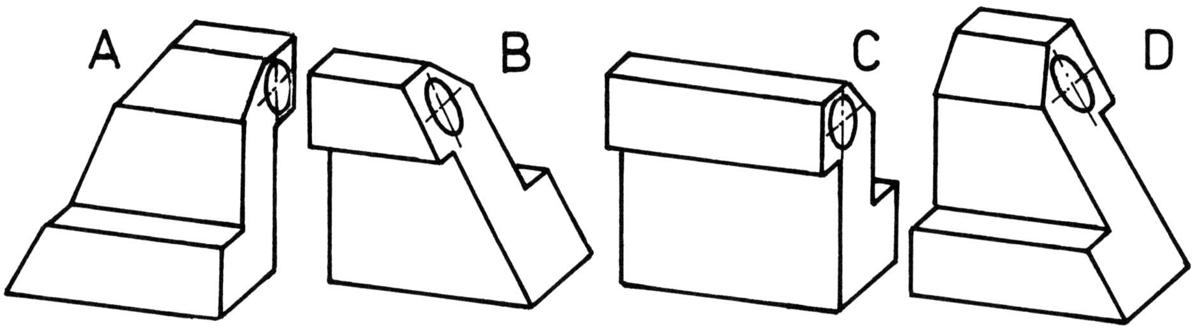

6

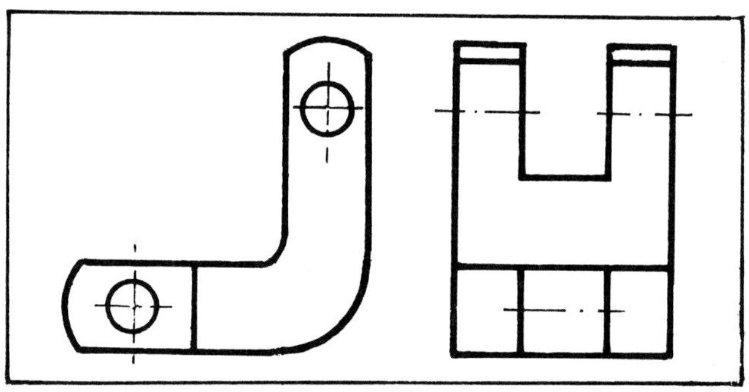

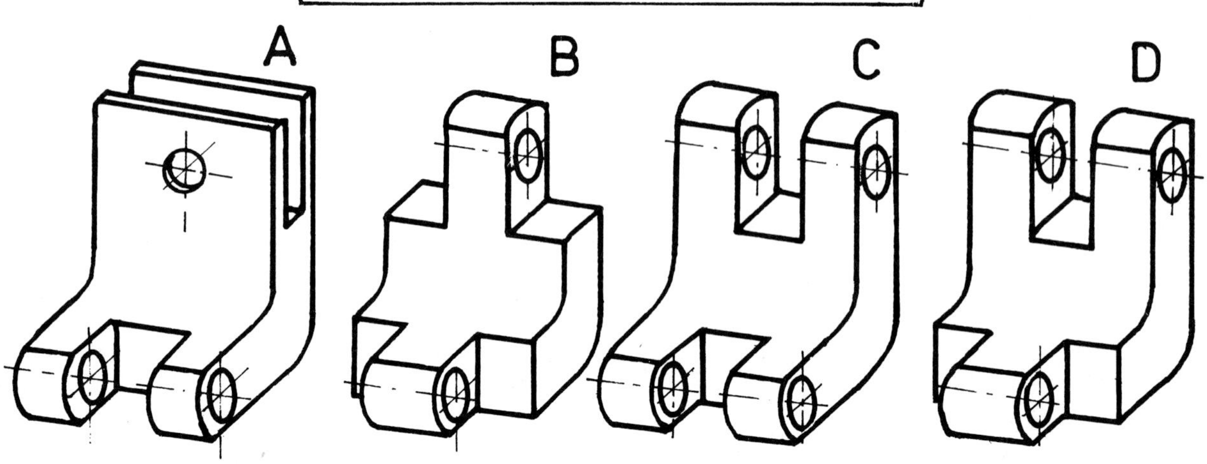

Aufgabe 4 Profilstähle/Anreißspitzen

Technische Profile, ganz gleich aus welchem Werkstoff, finden im privaten, gewerblichen und industriellen Bereich in vielfacher Art und Weise Verwendung. Rahmenverbindungen, z.B. bei Türen oder Fenstern aus Aluminium oder Plast oder bei Gartentoren aus Profilstahl, gefallen besonders gut, wenn sie durch Gehren im Winkel von 45° gefügt wurden.
Derart vorbereitete Profilstahlenden enthält das Aufgabenblatt, jedoch nur in Vorderansicht und Draufsicht. Die Seitenansicht (von links) sollen Sie sich vorzustellen versuchen. Das gilt auch für die zuletzt dargestellten Anreißspitzen.

Aufgabe
1. Ergänzen Sie die Vorderansichten mit den noch fehlenden sichtbaren und verdeckten Körperkanten.
2. Zeichnen oder skizzieren Sie die sich aus Vorderansicht und Draufsicht ergebenden Seitenansichten (von links) in die vorbereiteten Markierungen.

Aufgabe 5 — 27 Profilstahl-Ansichten

Das Testblatt enthält 27 Vorder- und Seitenansichten schräggeschnittener Profilstähle und dementsprechende Draufsichten von A bis K. Zu jeder angegebenen Draufsicht lassen sich Vorderansicht und Seitenansicht (von links) zuordnen und das sogar zweimal, z.B. Draufsicht A: Vorderansicht 2 und Seitenansicht 20 sowie Vorderansicht 6 und Seitenansicht 18.

Aufgabe Den gegebenen Draufsichten A bis K sind die entsprechenden Vorderansichten und Seitenansichten zuzuordnen und deren Ziffern oder Nummern in die vorgesehenen Felder einzutragen. Bei der zweiten möglichen Zuordnung sind die beiden darüberliegenden Felder zu verwenden. Die Ansicht 25 fehlt, in der Hoffnung, daß Sie die Ansicht selbst finden.

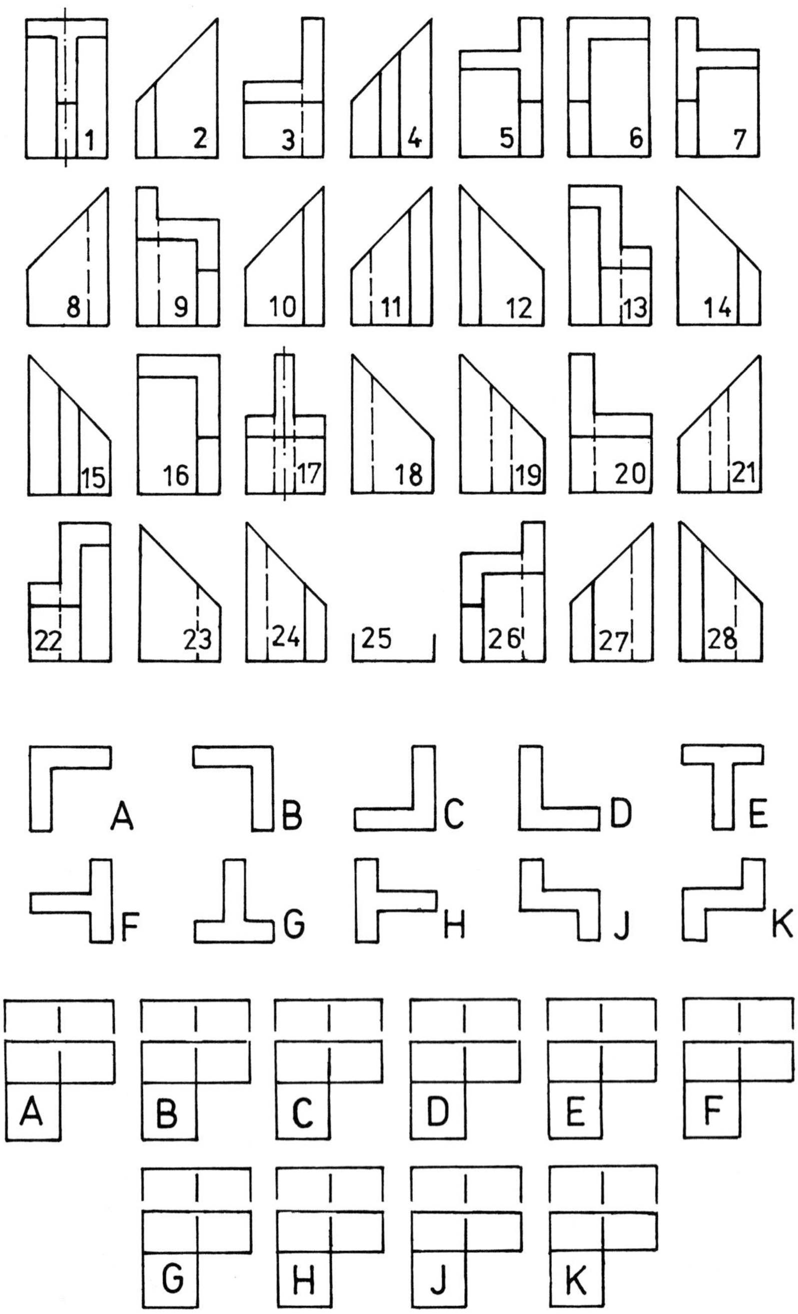

Aufgabe 6 — Formteile II

Ähnlich der Aufgabe „Formteile I" sind eine Platte für die Parallelführung an Zeichenmaschinen, Spannbock, Ausdrückhülse, Sägeblattspanner, Teil einer Klauenkupplung und Gelenkteil flächig, jedoch im Zusammenhang mit der Schnittdarstellung an zentraler Stelle des Testblattes abgebildet und beziffert. Von den jeweils 4 räumlichen Darstellungen nach DIN 5 entspricht immer nur eine der Schnittdarstellung.

Aufgabe Versuchen Sie, bei den 6 Aufgaben zu erkennen, welche von den 4 räumlichen Darstellungen der Schnittdarstellung entspricht.
Tragen Sie das Ergebnis in das Lösungsfeld ein.

1	2	3	4	5	6
D	C	B	A		C

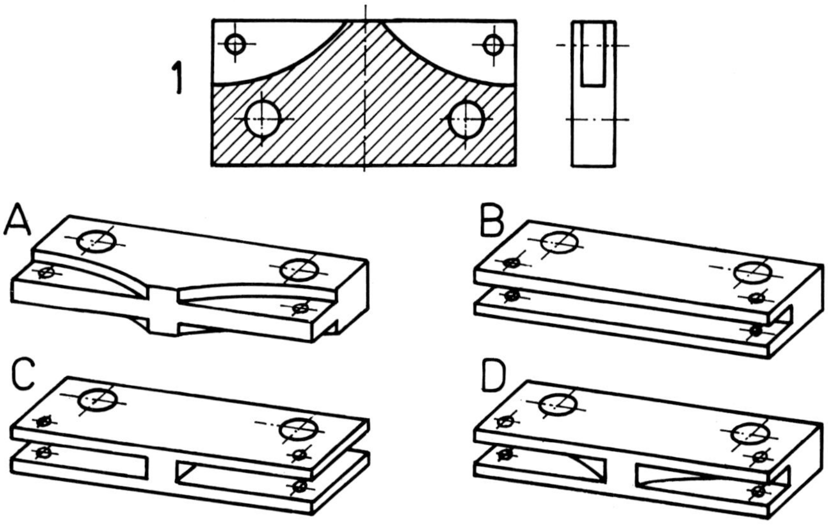

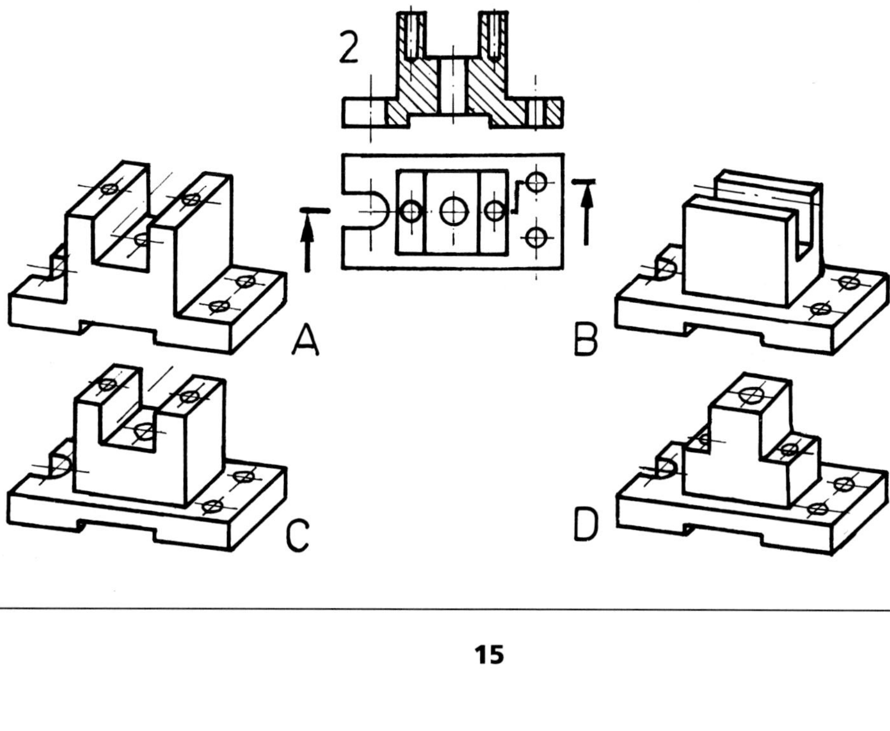

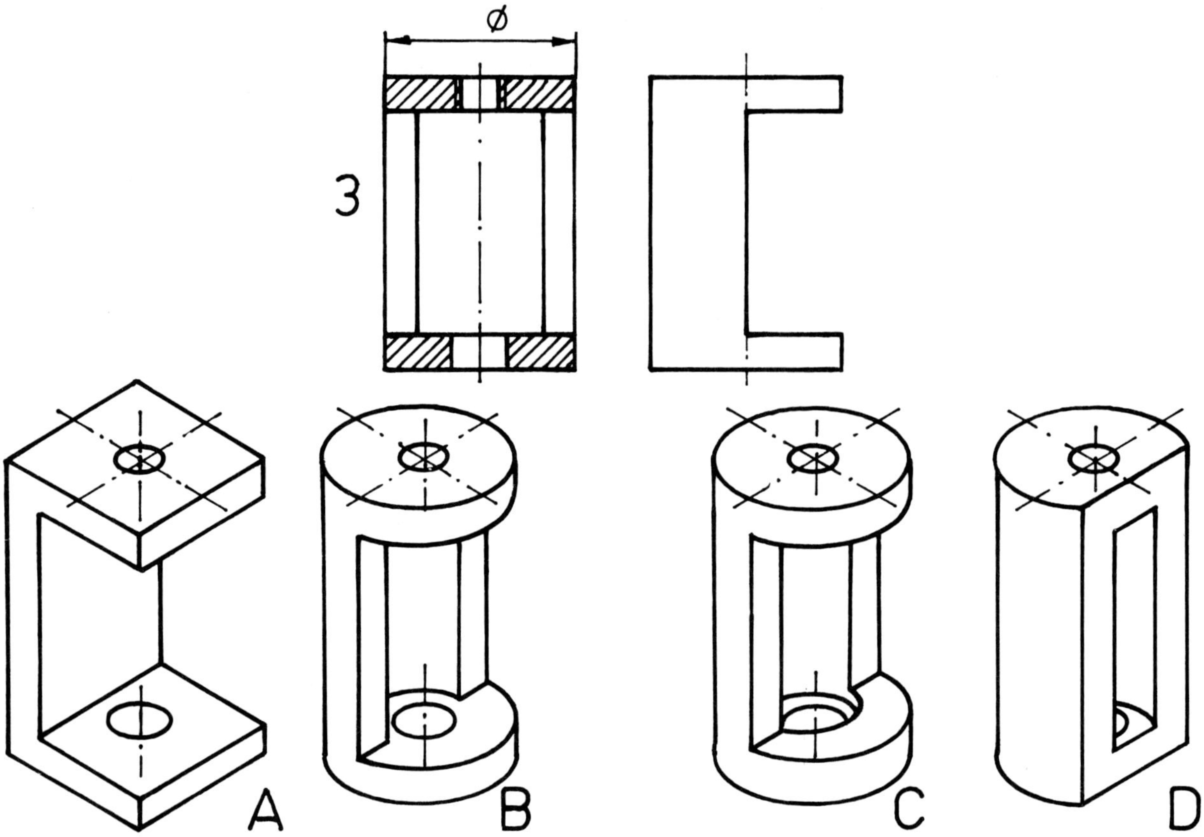
Ø
3
A
B
C
D

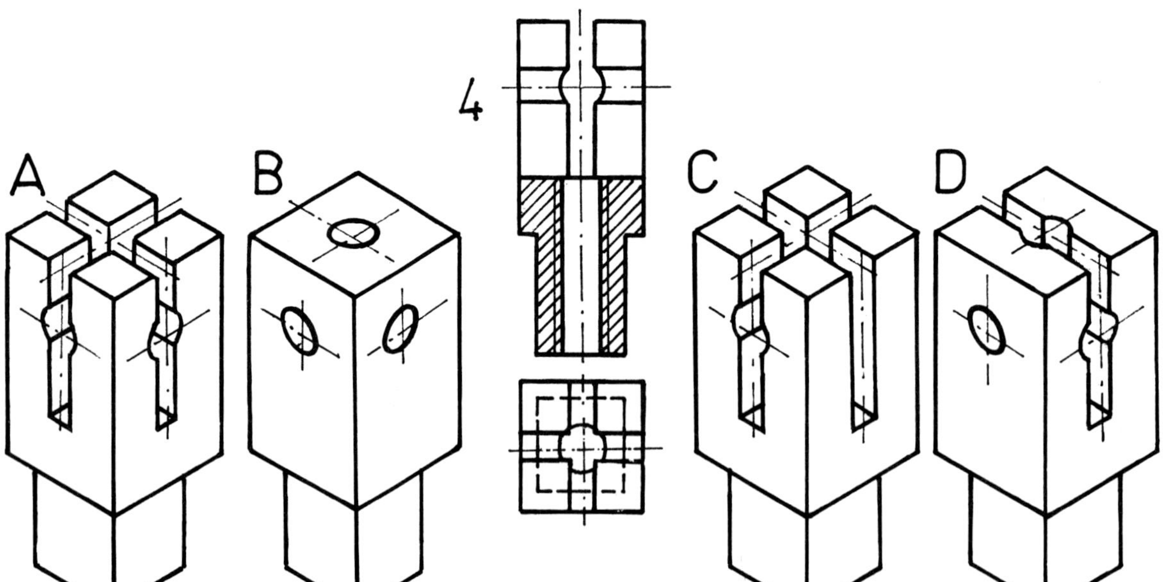
4
A
B
C
D

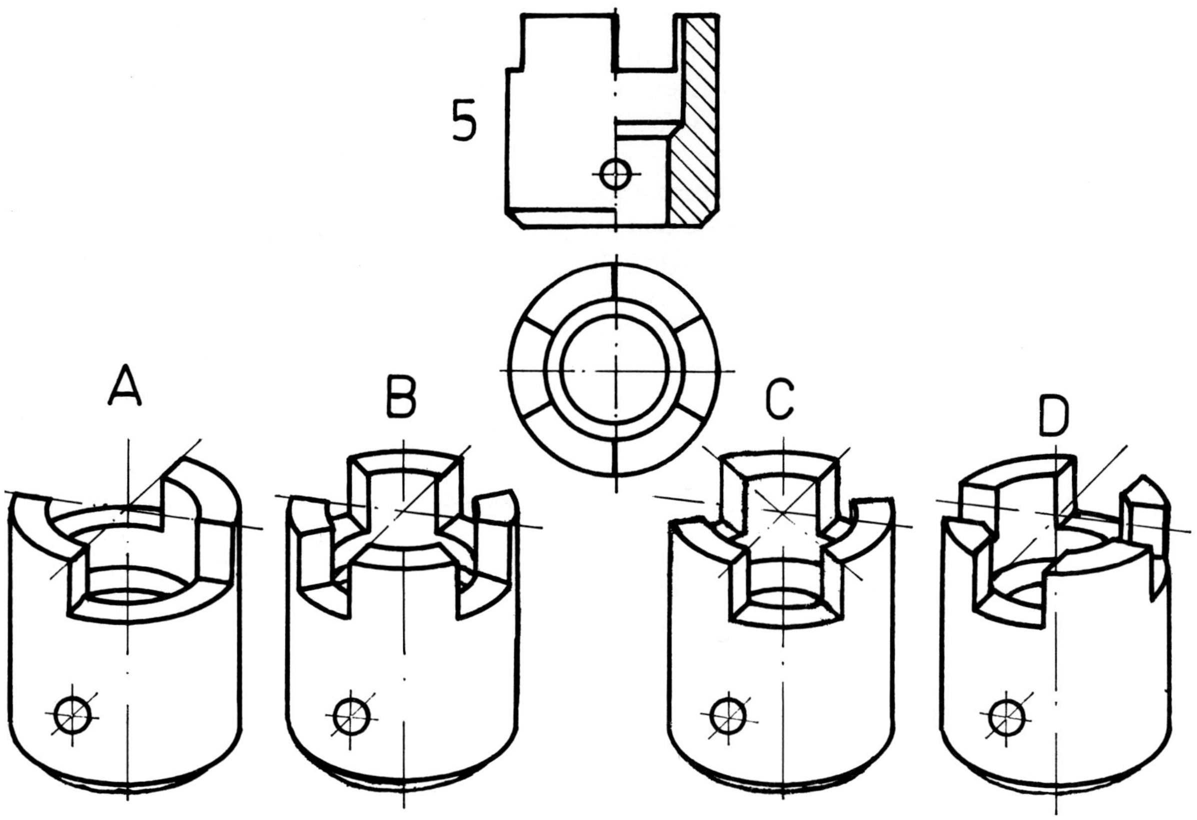
5
A
B
C
D

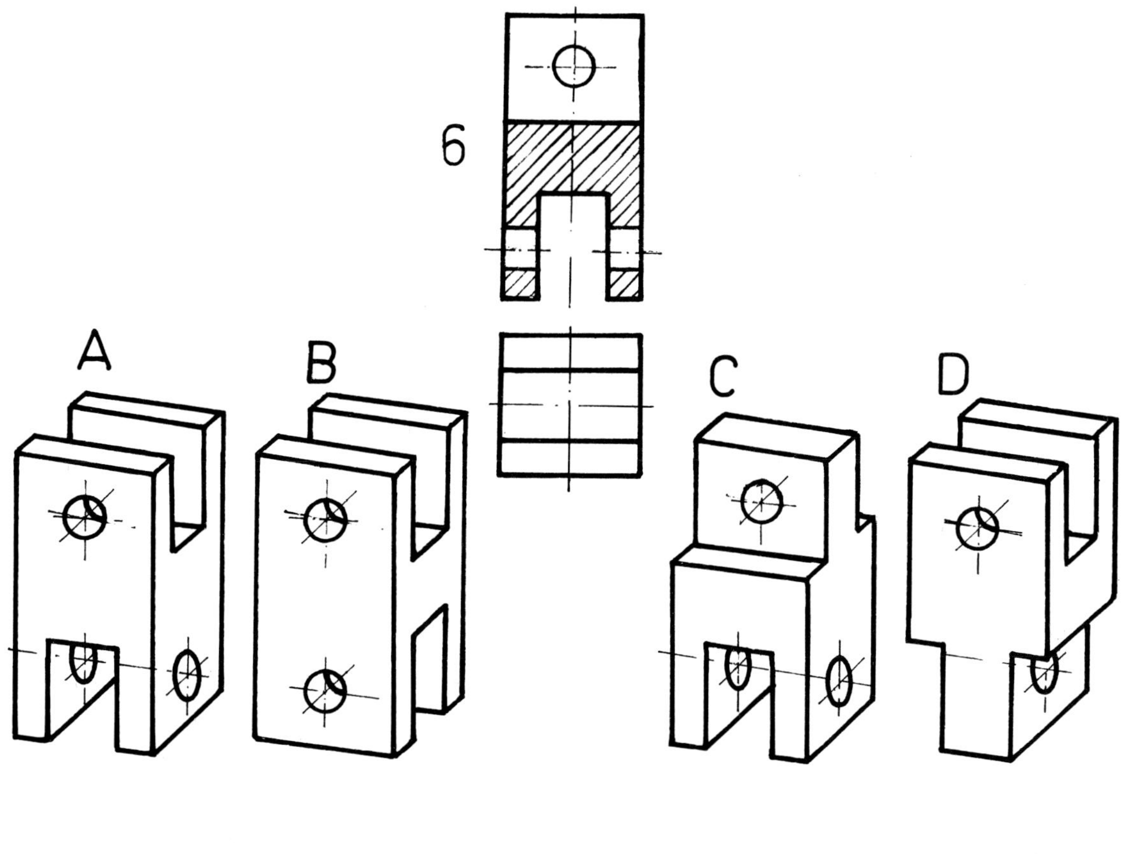
6
A
B
C
D

Aufgabe 7 Maschinenelemente I

Die beiden folgenden Testblätter sind mehr zur Reaktivierung zeichnerischer Kenntnisse, zum Auffrischen und Erweitern dieser wichtigen Regeln und Standards für die technische Kommunikation vorgesehen. Besonders die Schnittdarstellung in richtiger und fehlerhafter Ausführung ist Inhalt dieser Aufgaben.
Das Testblatt zeigt eine Stopfbuchsenschraube, einen Abzieherrohling, Gabelkopf, Konsole, Gleitfuß und ein Einpreßlager, jeweils viermal (A bis C) im Vollschnitt, Halbschnitt oder Teilschnitt dargestellt. Zusätzlich sind noch Ansichtsdarstellungen zur besseren Orientierung gegeben.

Aufgabe Suchen Sie in jeder der 6 Aufgaben die richtige Schnittdarstellung, und tragen Sie die Buchstaben dieser in das Lösungsfeld ein.

1	2	3	4	5	6

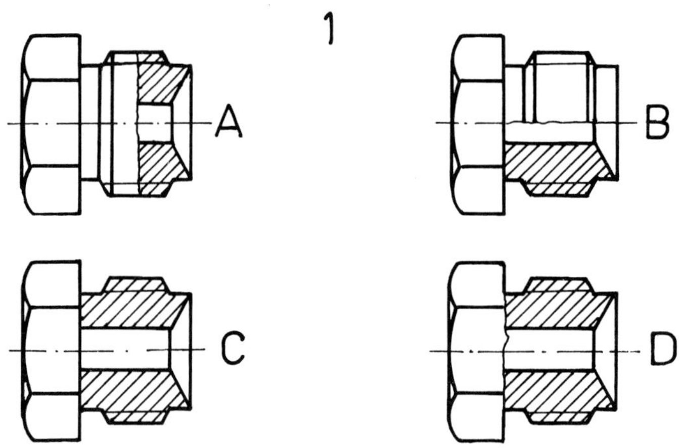

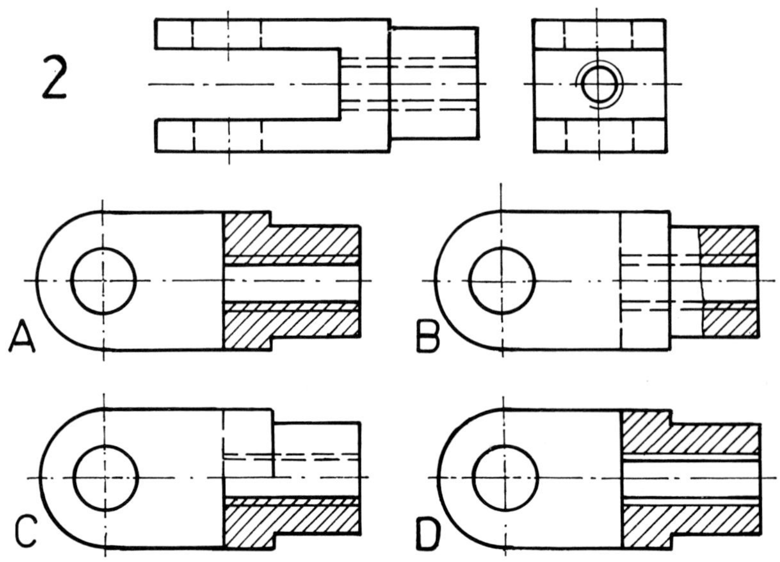

3

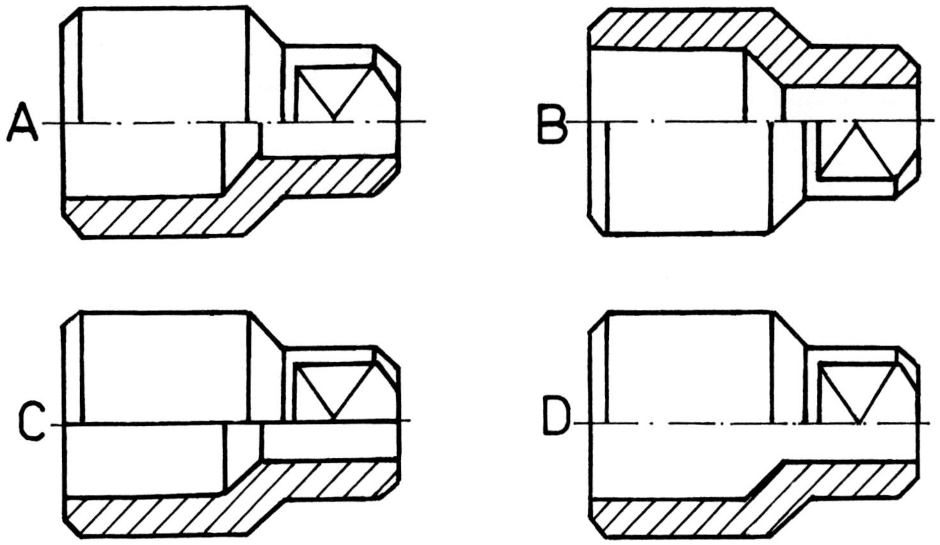

4

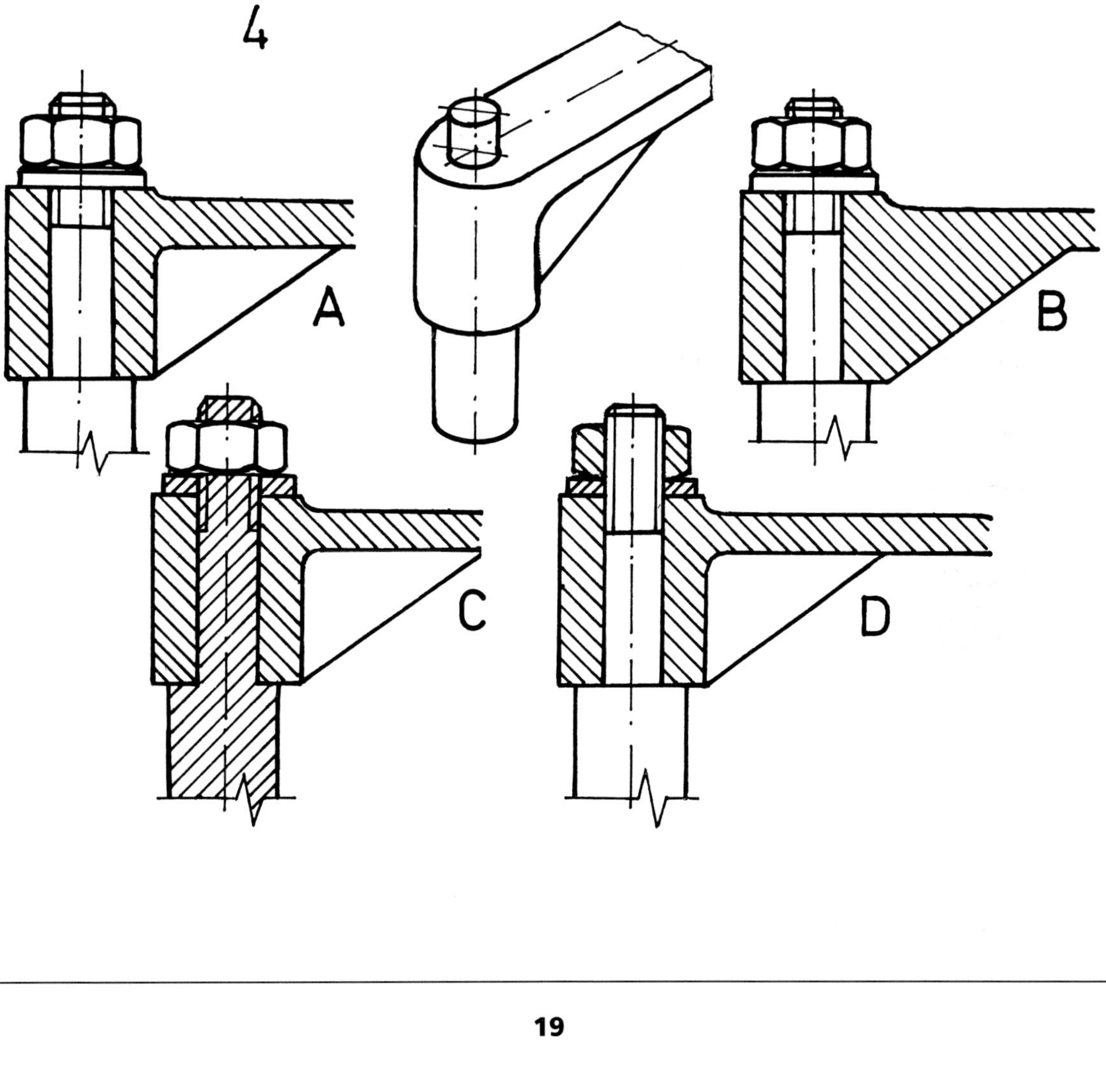

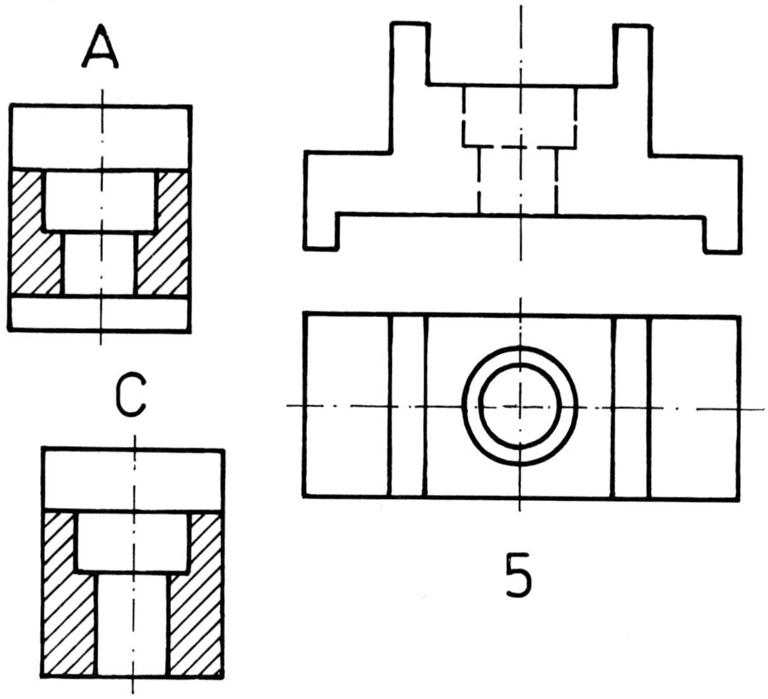

5

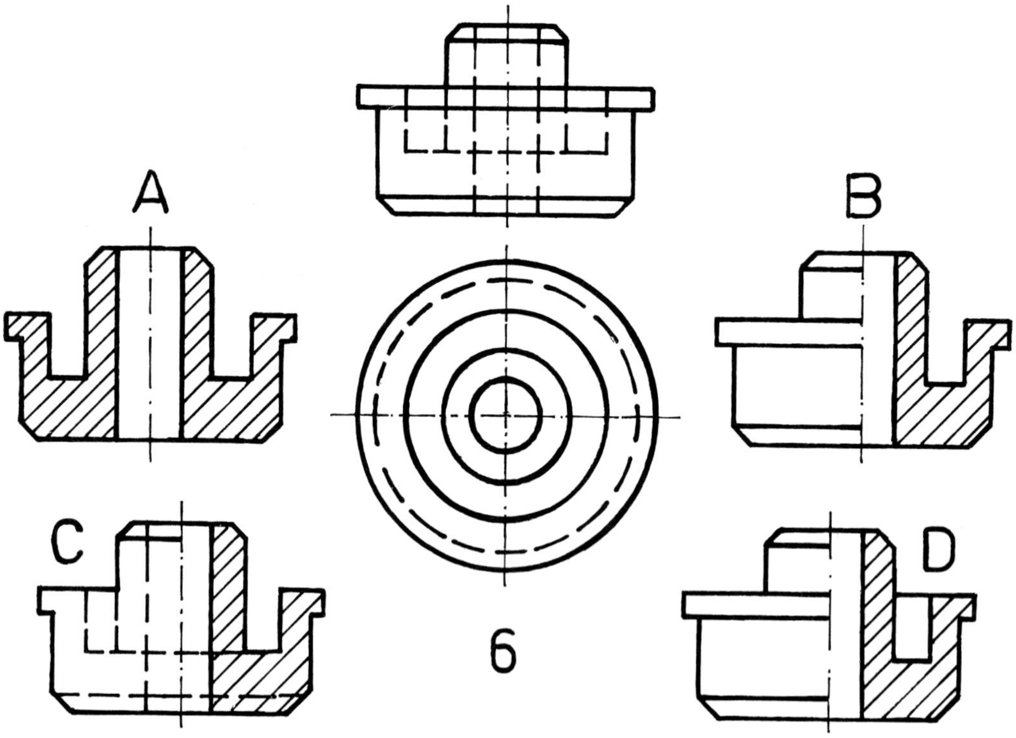

6

Aufgabe 8 — Maschinenelemente II

Die technisch-realen Gegenstände auf dem Testblatt sind: ein Klemmhebel, eine Arretierbuchse, Druckplatte für Abzieher, Hülse für Kupplungsseilzug, 2 Flansche.

Aufgabe Suchen Sie auf diesem Testblatt in jeder der 6 Aufgaben die DIN-gerechte und günstigste mit den Buchstaben A bis D bezeichnete Schnittdarstellung. Tragen Sie die Buchstaben in das Lösungsfeld ein.

1	2	3	4	5	6

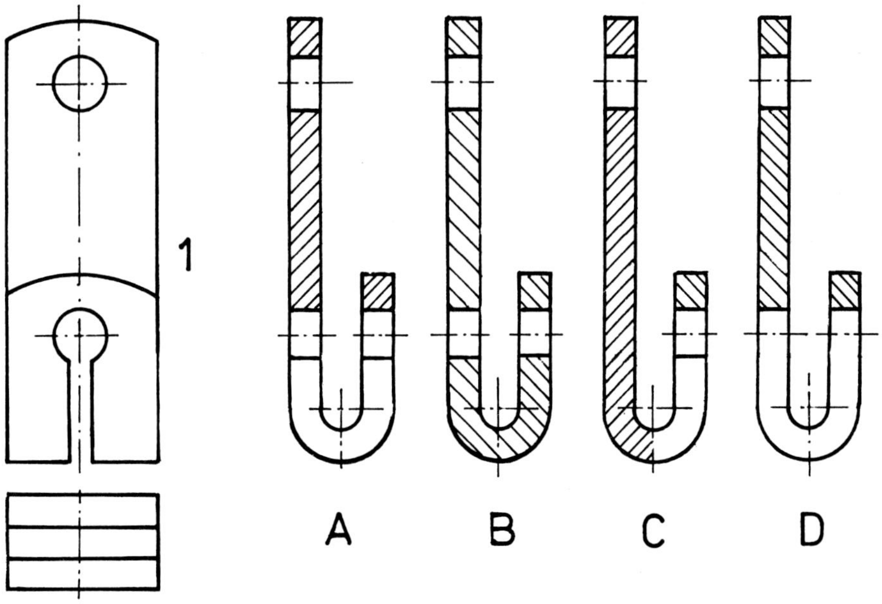

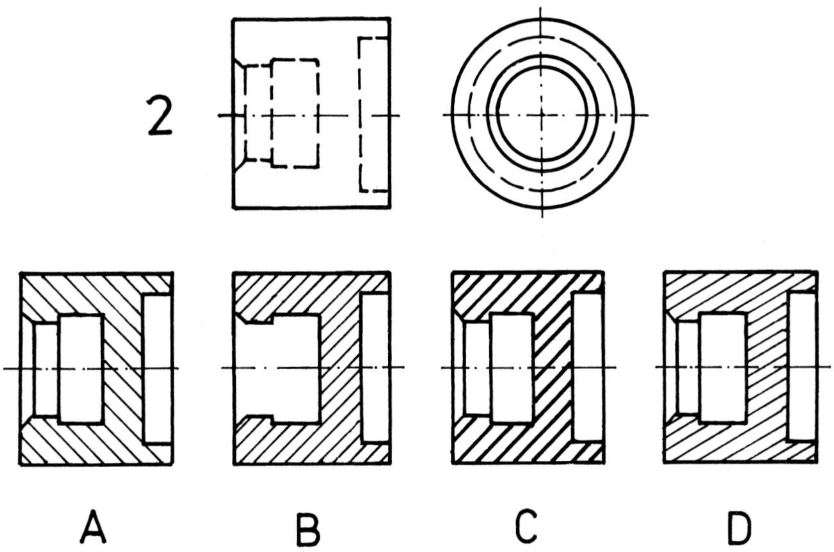

3

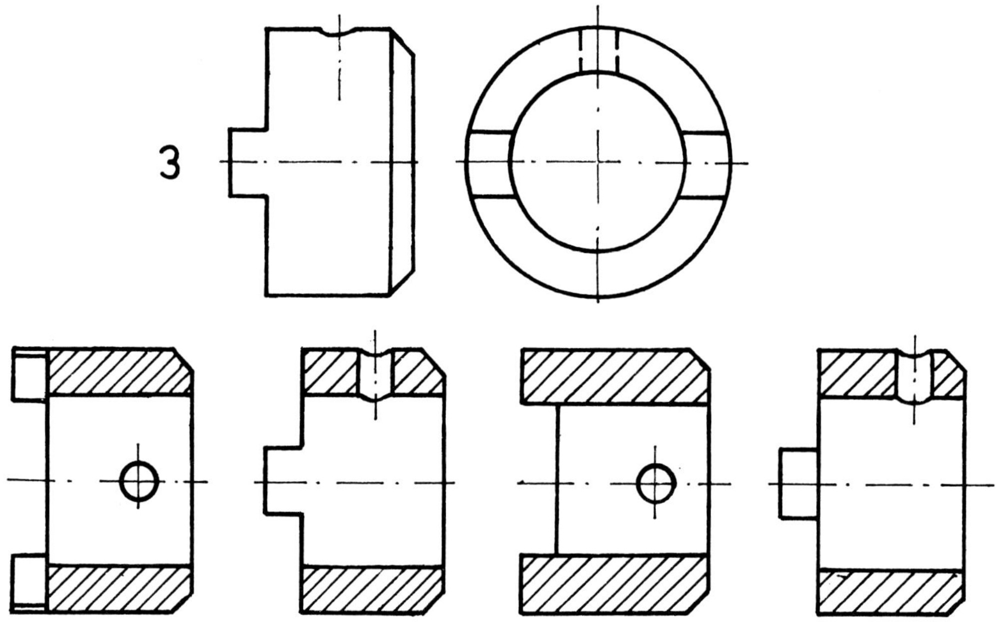

A B C D

4

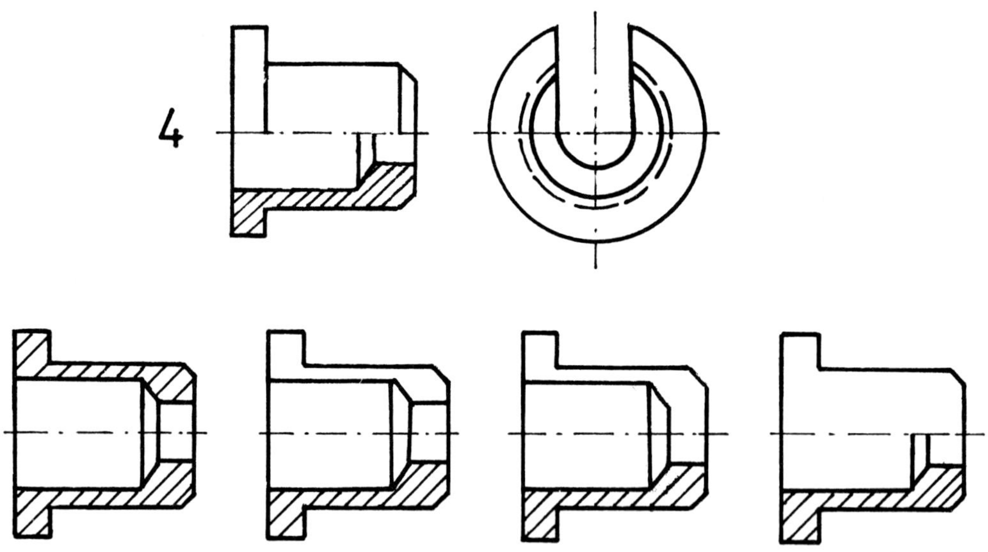

A B C D

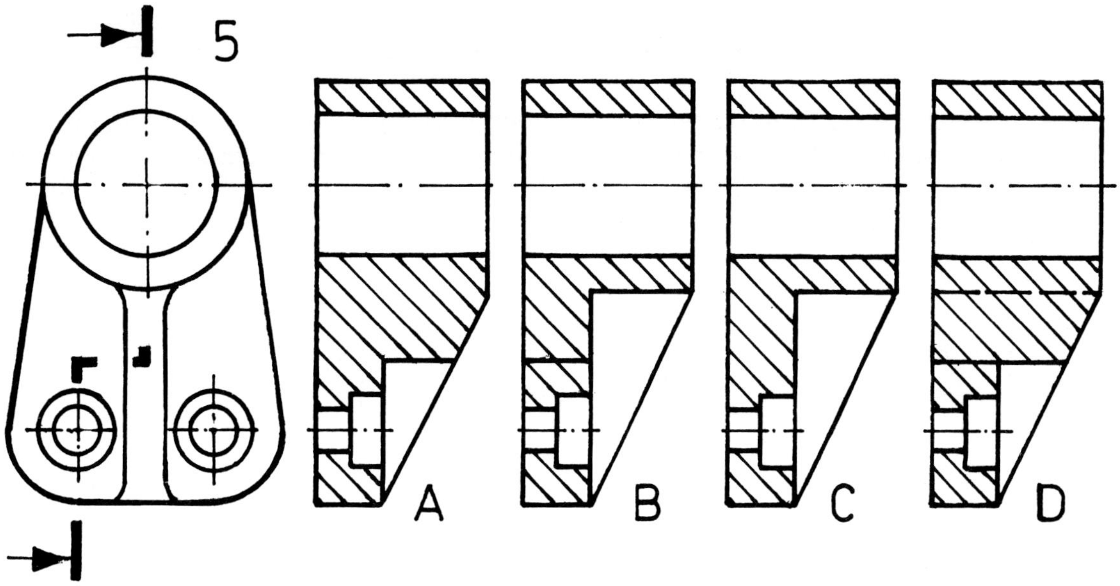
5
A
B
C
D

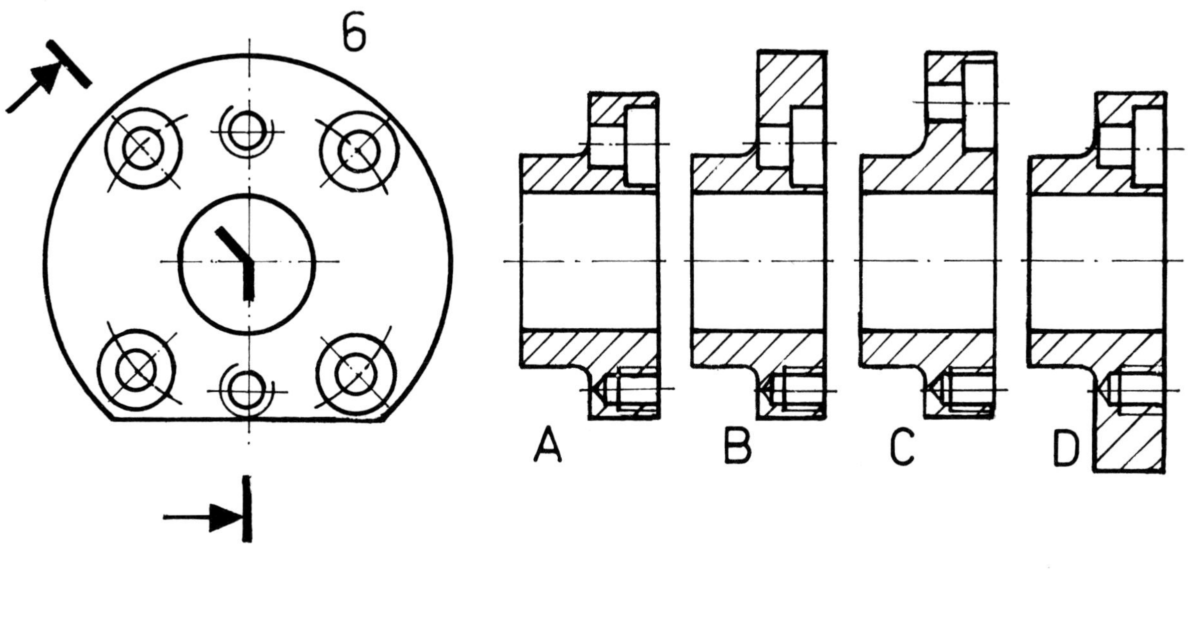
6
A
B
C
D

Aufgabe 9 Schlüsselflächen

Das Testblatt zeigt technisch-reale Gegenstände (Wellenenden, Schraubenköpfe, Hülsen, Schutzkappe für Radmuttern) vorwiegend mit Schlüsselflächen in Vorderansicht und Draufsicht, jedoch die Draufsichten sind vertauscht, stimmen also nicht mit den Vorderansichten überein. Nun geht es darum, die richtigen Draufsichten zu finden und den Vorderansichten zuzuordnen.

Aufgabe Ordnen Sie die Draufsichten (A bis D) den jeweiligen Vorderansichten (1 bis 4) zu, und tragen Sie die richtige Reihenfolge der Buchstaben in das Lösungsfeld ein.

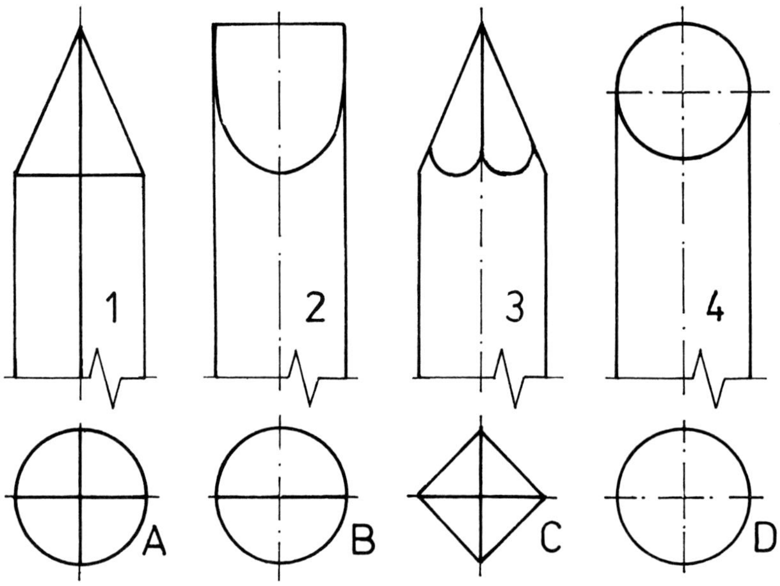

1

1	2	3	4

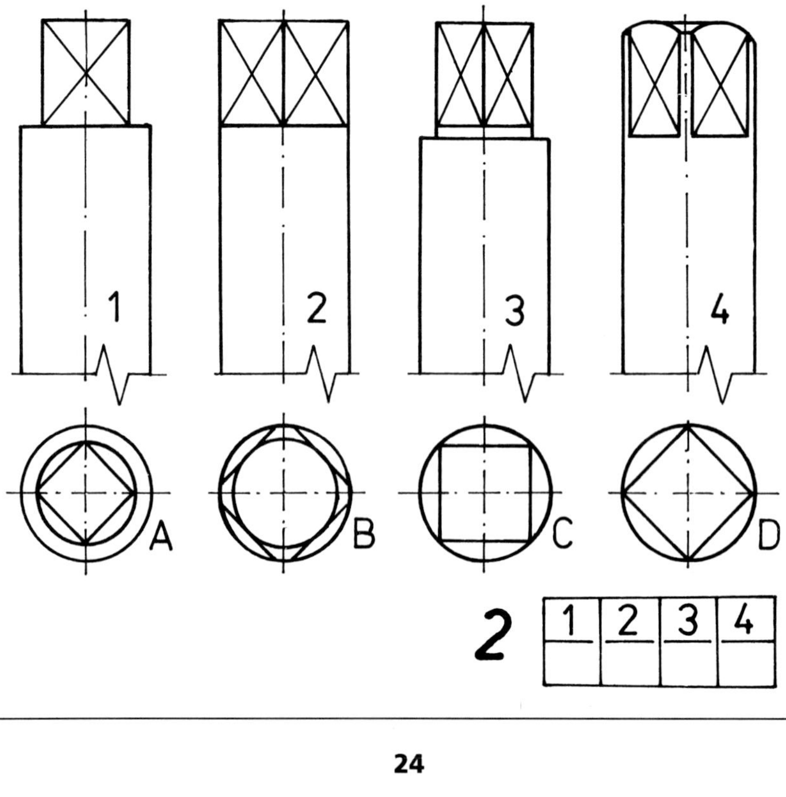

2

1	2	3	4

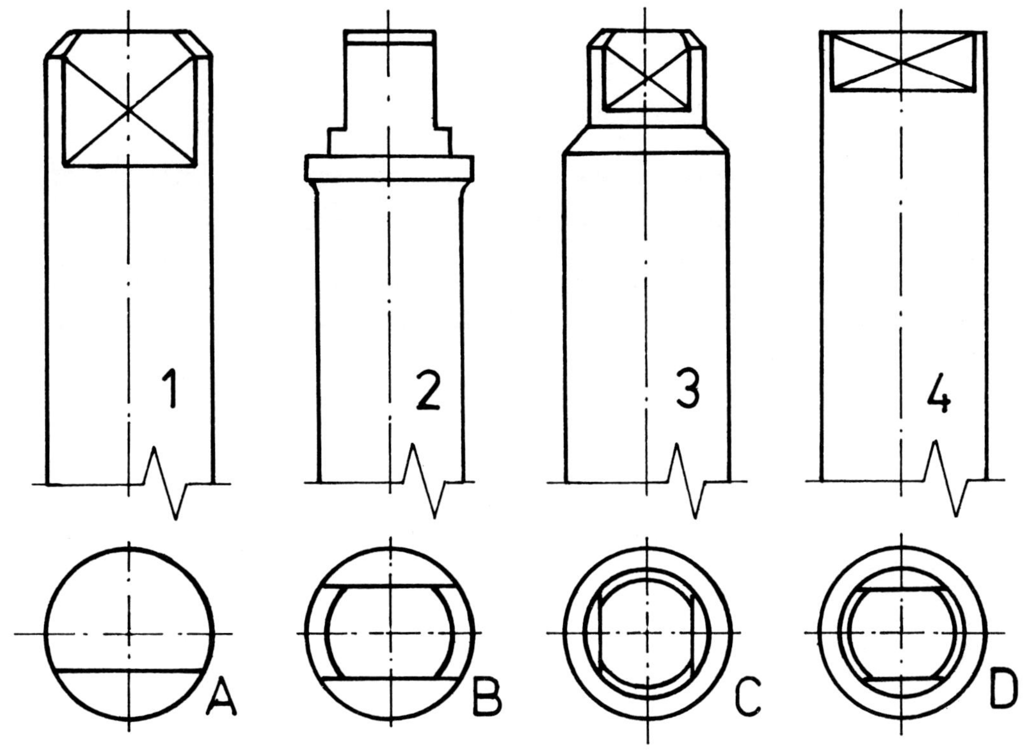

3

1	2	3	4

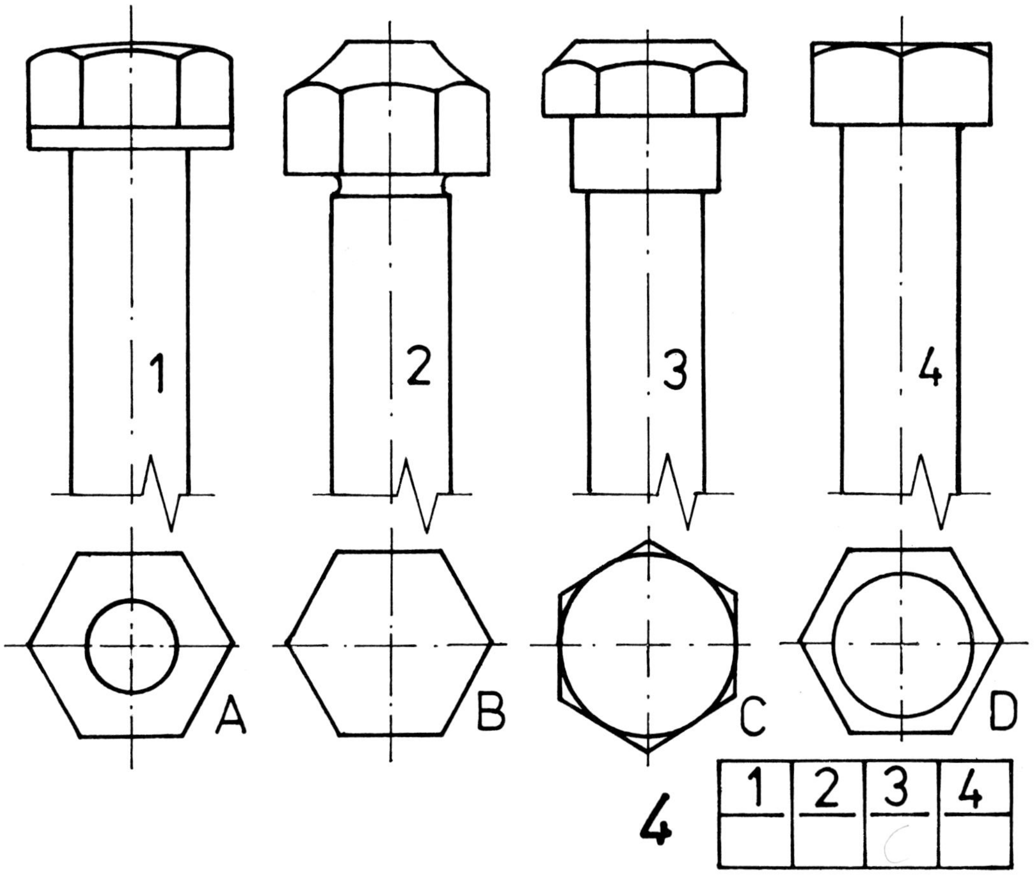

4

1	2	3	4

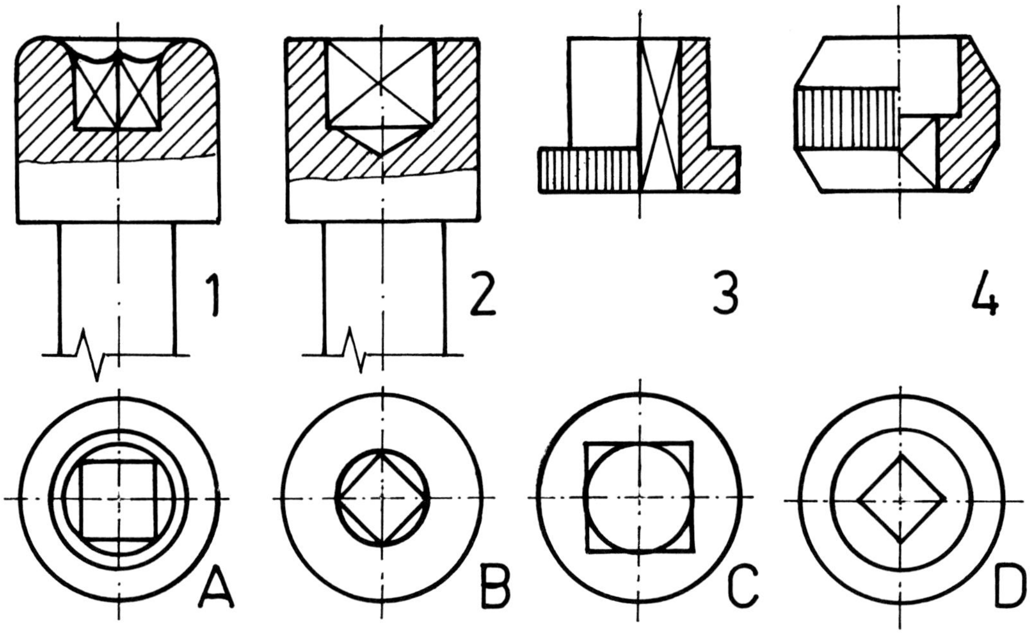

5

1	2	3	4

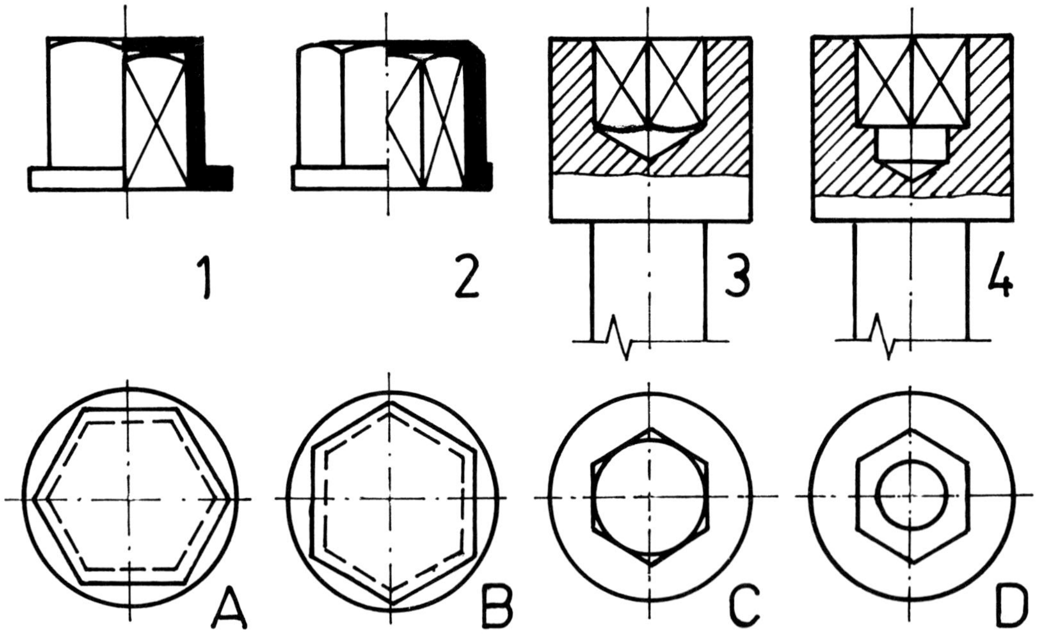

6

1	2	3	4

Aufgabe 10 — Stirnflächenformen I

Die Stirnflächen von Wellenenden, Naben oder Hülsen haben oftmals eine Vielfalt verschiedener Formen, wie sie auf diesem und auf dem folgenden Arbeitsblatt „Stirnflächenformen II" zu sehen sind. Diese Formen dienen zum Ansetzen von Werkzeugen oder zum formschlüssigen Verbinden der Wellen mit anderen Maschinenelementen. Das Arbeitsblatt zeigt in der oberen Hälfte 4 Wellenenden mit Schlüsselflächen in der räumlichen Darstellung nach DIN 5. Die Umsetzung in die flächige Darstellung gemäß der vorgegebenen Draufsichten soll vorgenommen werden.
Anders geartet sind die Aufgaben in der unteren Hälfte des Arbeitsblattes. Die Wellenstümpfe sollen ineinander passen. Voraussetzung sind paßgerechte Formen. Diese sollen räumlich dargestellt werden, praktisch als Gegenstücke zu den Stirnflächen der darüber befindlichen 4 Wellenstümpfe.

Aufgabe Zeichnen oder skizzieren Sie die Vorderansichten der 4 Wellenstümpfe in den vorgegebenen Markierungen und im Zusammenhang mit den Draufsichten.
Ergänzen Sie auf der unteren Blatthälfte die Stirnflächenformen der angedeuteten Wellenstümpfe derart, daß ein Ineinanderschieben entlang der Mittelachsen möglich sein könnte.

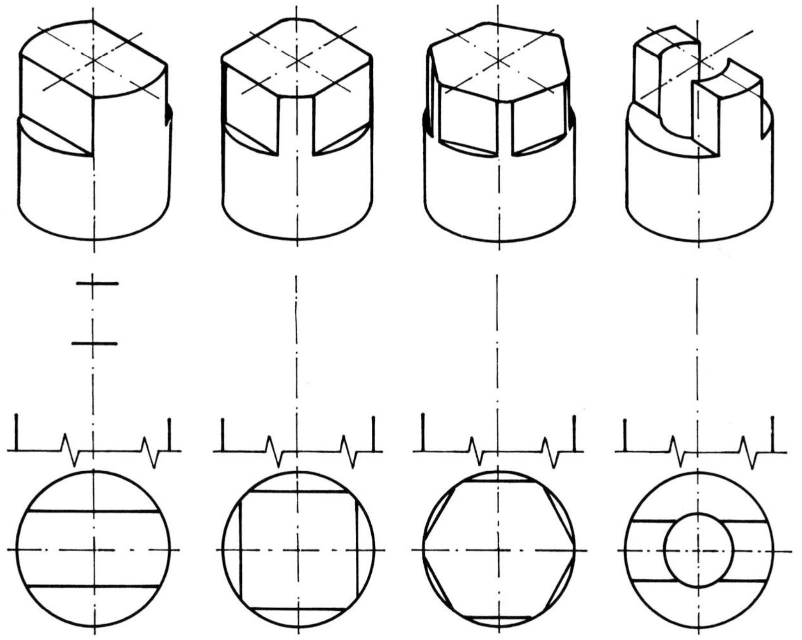

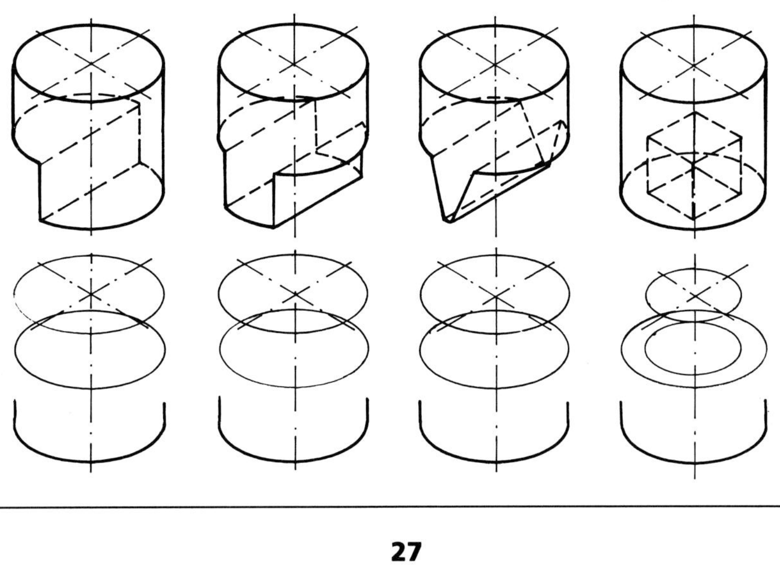

Aufgabe 11 Stirnflächenformen II

Der Inhalt des Arbeitsblattes betrifft das Erfassen der räumlich dargestellten Stirnflächenformen an Naben oder Hülsen und das geistige und praktische Umsetzen dieser Formen in die Vollschnittdarstellung.

Aufgabe In die vorgezeichneten Lösungsansätze sind die Vorderansichten der Hülsen im Vollschnitt, unter Berücksichtigung der Draufsichten, zu zeichnen oder zu skizzieren. Für die Länge der Vollschnittdarstellungen und die Tiefe der Einschnitte sind Markierungen vorgegeben.

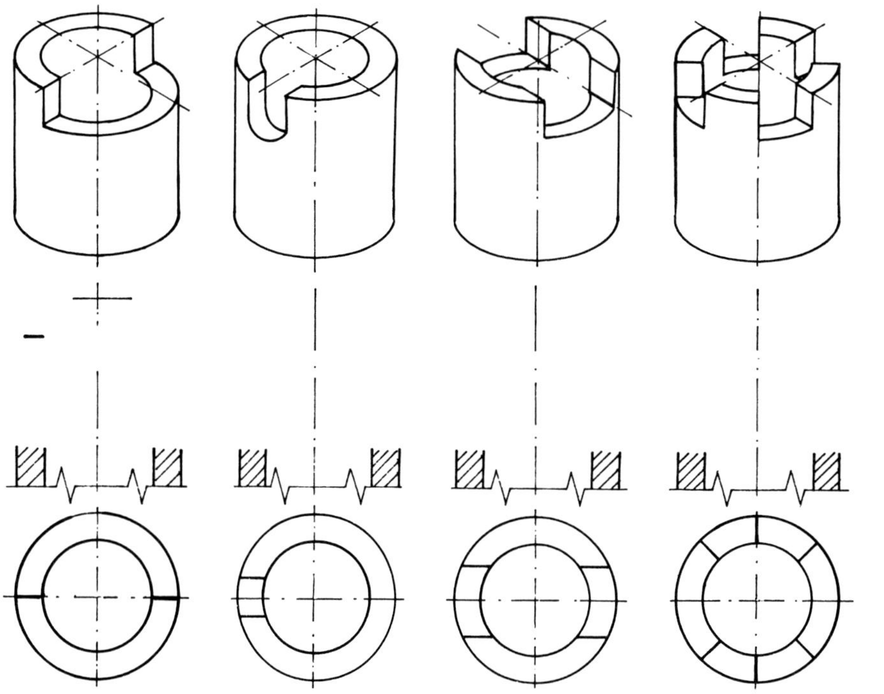

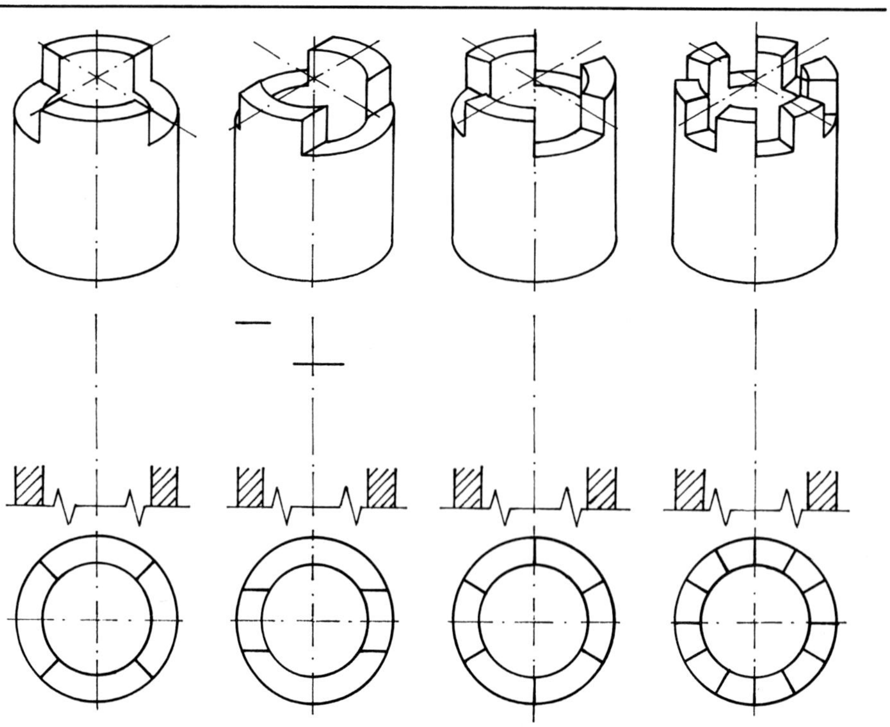

Aufgabe 12 — Enden, Ecken, Abzweige

Bei Füge- und Biegearbeiten im Stahl- oder Rohrleitungsbau kommt es auf hohe Festigkeit und problemlose Verschweißbarkeit an. Profilstahlstreben z.B. schweißt man nicht stumpf aneinander, sondern paßt sie ineinander ein, damit die Schweißnaht fachgerecht ausgeführt und die Festigkeit gewährleistet werden kann. Ebenso verhält es sich im Rohrleitungsbau. Profilstähle werden im Winkel gebogen, indem man Dreiecke heraussägt oder schneidet, dann im Winkel biegt und somit der Zerstückelung von Stangenmaterial entgegenwirkt. Beispiele zeigt das Arbeitsblatt. Diese Beispiele in der Ansicht von links darzustellen, setzt jedoch ein bestimmtes räumliches Vorstellungsvermögen voraus.

Aufgabe Die Ansichten von links der zum Schweißen vorbereiteten Profilstähle und Rohre sind im Zusammenhang mit Vorderansicht und Draufsicht in die vorgesehenen Markierungen einzuzeichnen.

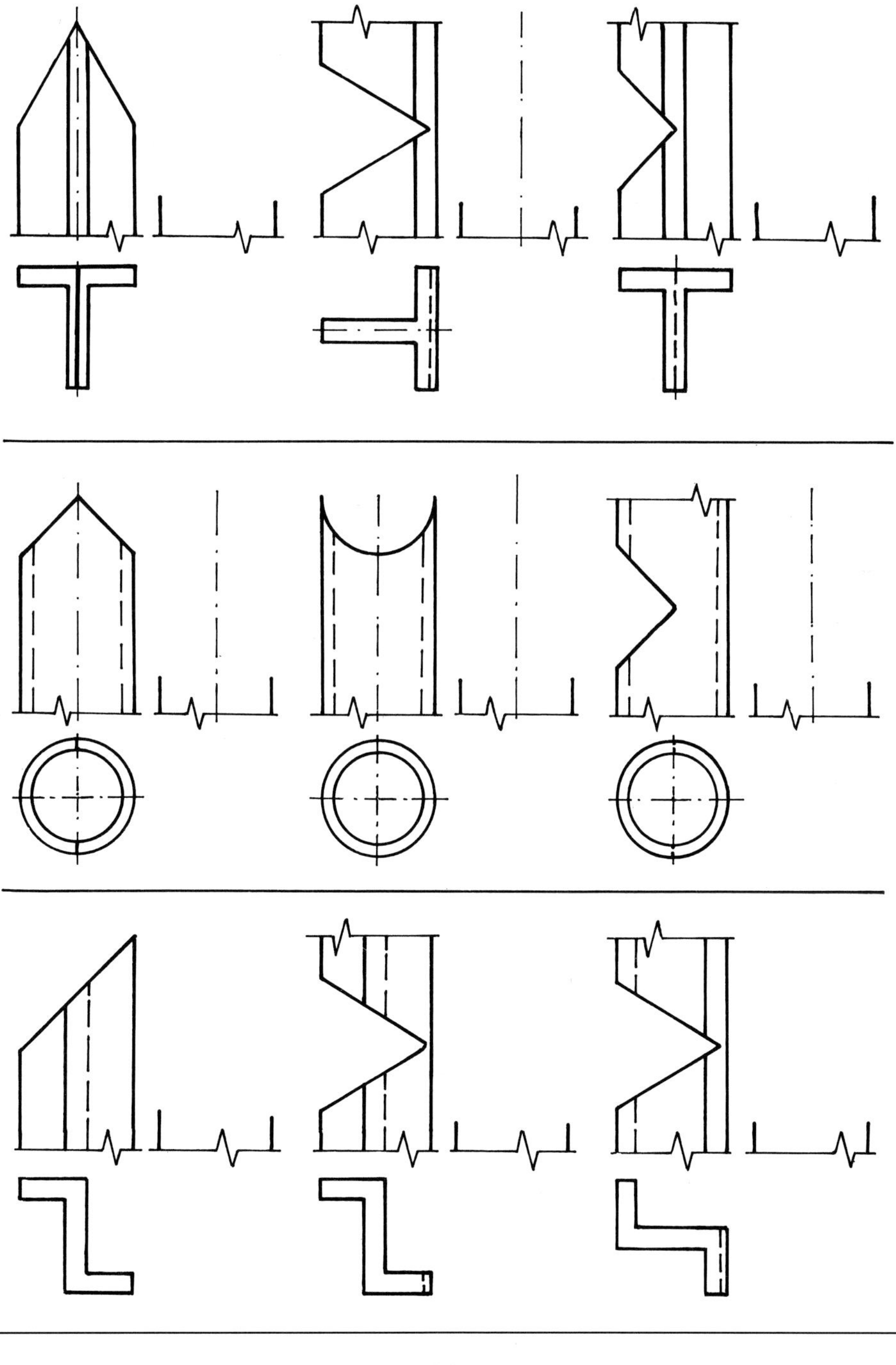

2. Abschnitt

Durchdringen und Abwickeln

Der 2. Abschnitt bezieht sich stärker auf die Entwicklung des räumlichen Vorstellungsvermögens und nicht auf kompliziertes, formales Projizieren von Schnittpunkten in andere Ansichten. Bekannt muß sein, daß Durchdringungslinien entstehen, wenn im zeichnerischen Sinn Körper ineinander übergehen und an den Berührungsstellen diese Linien vorwiegend als Körperkanten erscheinen. Der Linienverlauf ist abhängig von der Form und Größe der Körper sowie vom Achsabstand und vom Winkel der Durchdringung.

Schon etwas höhere Ansprüche an das räumliche Vorstellungsvermögen stellen die Übungen auf den Test- und Arbeitsblättern in diesem Abschnitt.

Aufgabe 13 Vieldeutigkeitszeichnen, Würfelmantel

Die Aufgaben auf diesem Arbeitsblatt haben gemeinsam die Eigenschaft, daß die Vorgaben mehrere Lösungen ermöglichen. Nach einigen Überlegungen werden vor dem geistigen Auge bei der oberen Aufgabe mehrere Vorderansichten rotationssymmetrischer Körper oder mehrere Seitenansichten (von links) prismatischer Körper erscheinen, die den vorgegebenen Ansichten nicht widersprechen.
Der Würfelmantel in der unteren Aufgabe besteht natürlich nach wie vor aus 6 quadratischen Flächen. Jedoch in welcher Anordnung sie zusammenhängen und ausgeschnitten werden, das bleibt dem „Konstrukteur" überlassen.

Aufgabe Skizzieren Sie entsprechend der Draufsicht mehrere rotationssymmetrische Vollkörper (keine Bohrungen) auf die Mittelachsen der oberen Aufgabe und in der darunter befindlichen Aufgabe mehrere Seitenansichten von links, die der vorgegebenen Vorder- und Draufsicht entsprechen. Verdeckte Körperkanten sind nicht zu zeichnen. Versuchen Sie, in der darunter befindlichen Aufgabe die einzelnen Würfelflächen in der Vielfalt ihrer Anordnung so zu erfassen, daß immer ein geschlossener Würfelmantel gegeben ist, der nach dem Biegen an den Biegekanten einen Würfel ergibt. Verfahren Sie so, daß in dem 5 mm Raster eine Würfelfläche (1/6 der Mantelfläche) 1 cm^2 groß ist. Vielleicht finden Sie auch die Lösung, die den geringsten Abfall ermöglicht.

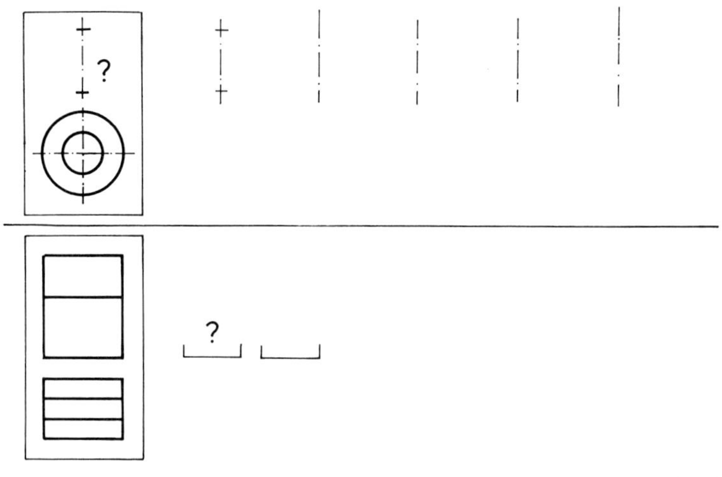

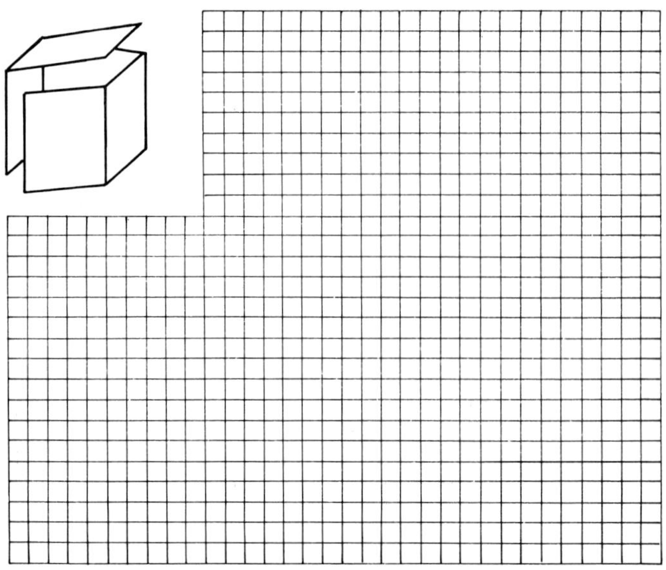

Aufgabe 14 Wellenenden mit Durchdringungen

Radiale Bohrungen, Durchbrüche oder Nuten an Wellenenden ergeben zusammen mit Schrauben, Stiften, Keilen, Hülsen oder Buchsen und entsprechend geformten Gegenstücken (Paarungen) form- oder/und kraftschlüssige Verbindungen.
Bei radialen Bohrungen, Durchbrüchen oder Nuten an Wellen, Buchsen oder Hülsen entstehen, ähnlich wie bei Rohrabzweigungen, Durchdringungslinien. Die 6 Aufgaben auf dem Testblatt sind Beispiele dafür, es sind Wellenenden in Vorderansicht und Draufsicht, jedoch stimmen die Draufsichten nicht mit den Vorderansichten überein.

Aufgabe Bestimmen Sie zu den gegebenen Vorderansichten 1 bis 4 die dazugehörigen Draufsichten A bis D und tragen Sie die Ergebnisse in das Lösungsfeld ein.

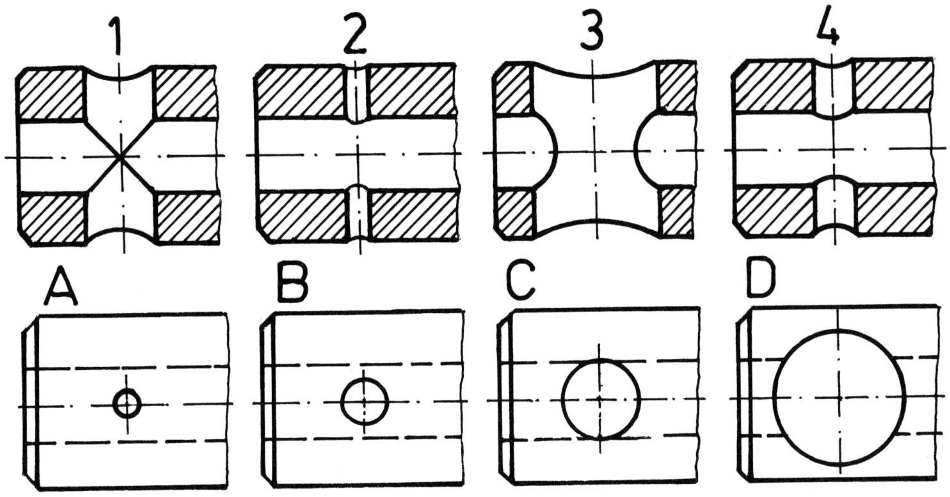

1

1	2	3	4

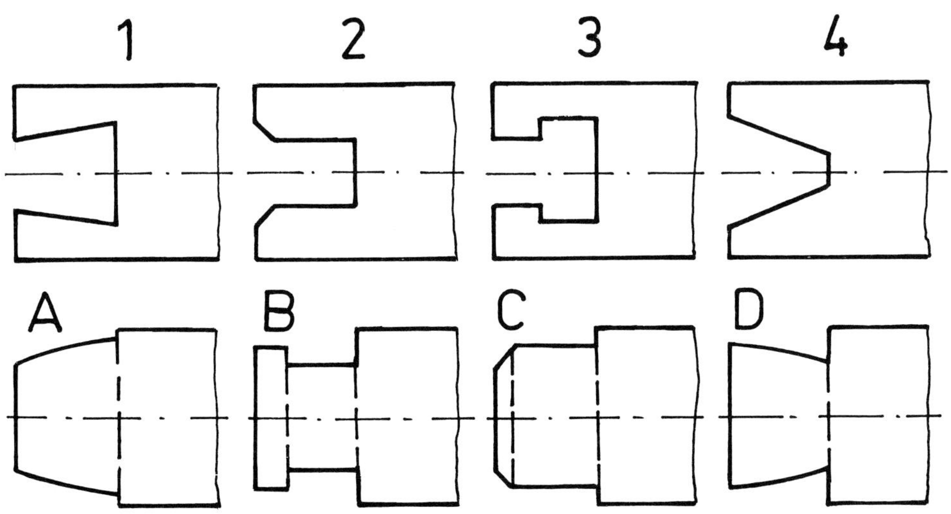

2

1	2	3	4

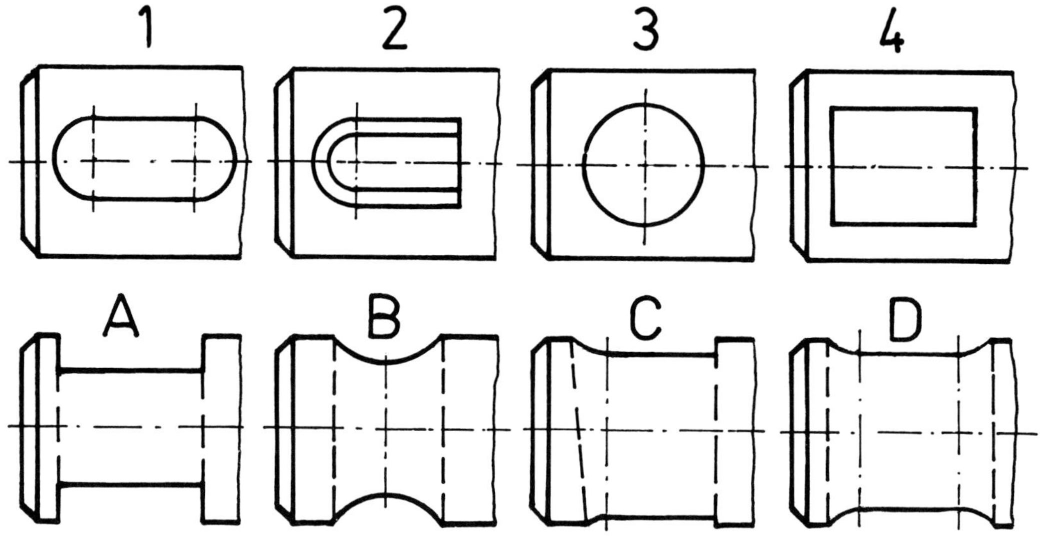

3

1	2	3	4

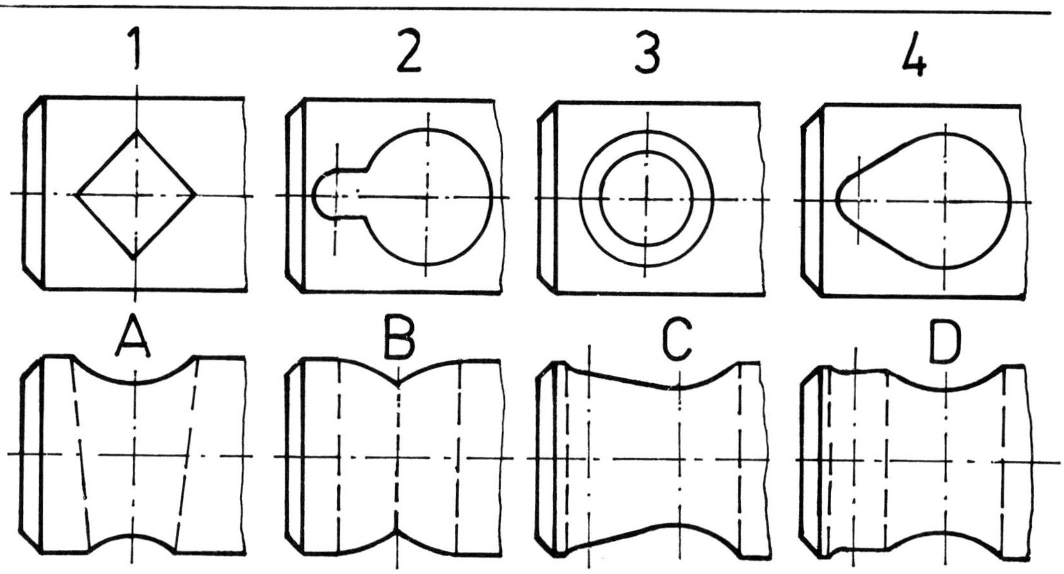

4

1	2	3	4

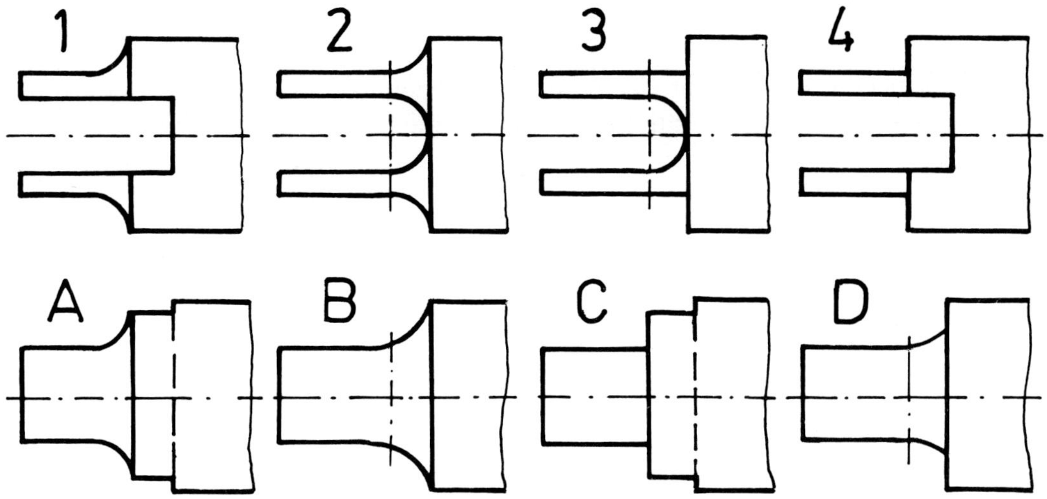

5

1	2	3	4

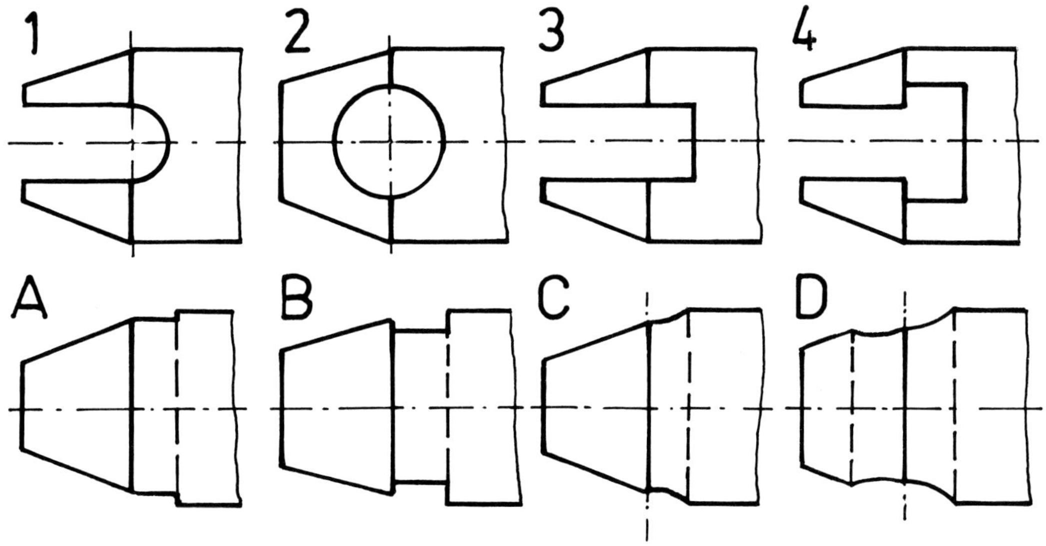

6

1	2	3	4

Aufgabe 15 Rohrabzweige

Auf dem Testblatt sind an zentraler Stelle Rohrabzweige in Vorderansicht und Draufsicht abgebildet. Die Fragezeichen deuten auf fehlende Durchdringungslinien. Je Aufgabe stehen Ihnen 4 Lösungsvorschläge (mit Buchstaben bezeichnet) zur Verfügung. Den richtigen Vorschlag sollen Sie selbst finden.

Aufgabe Versuchen Sie in jeder der 4 Aufgaben, den Lösungsvorschlag mit der richtigen Durchdringungslinie zu finden. Tragen Sie die Ergebnisse in das Lösungsfeld ein.

1	2	3	4

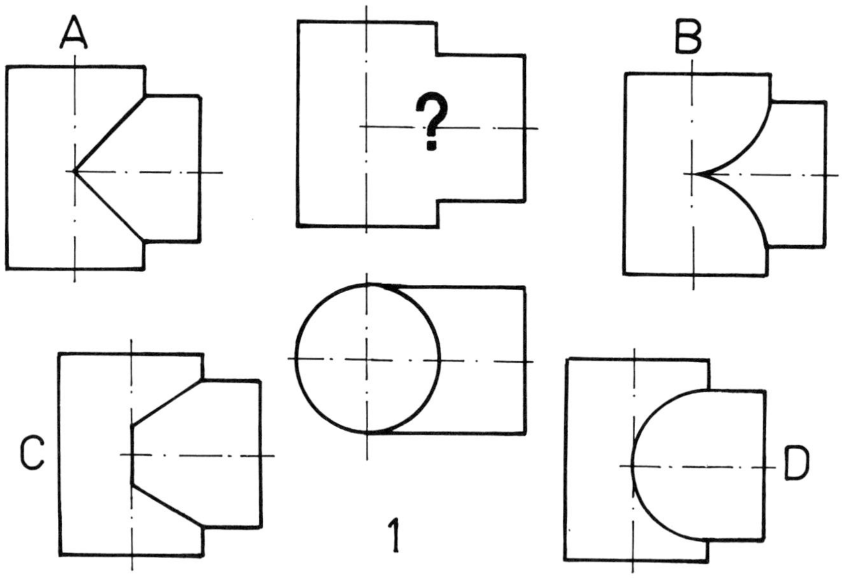

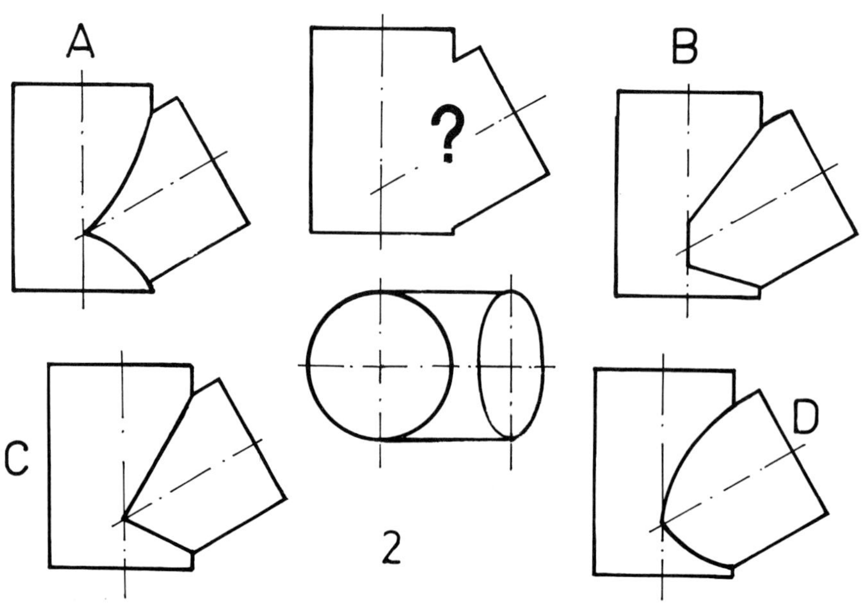

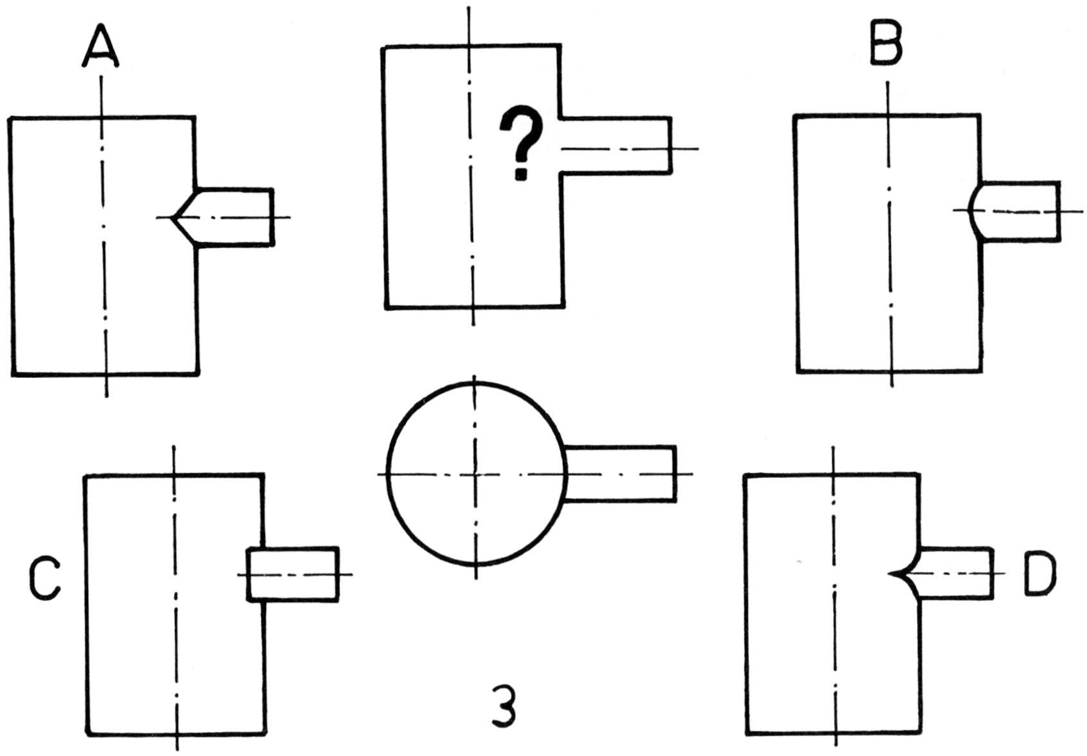

3

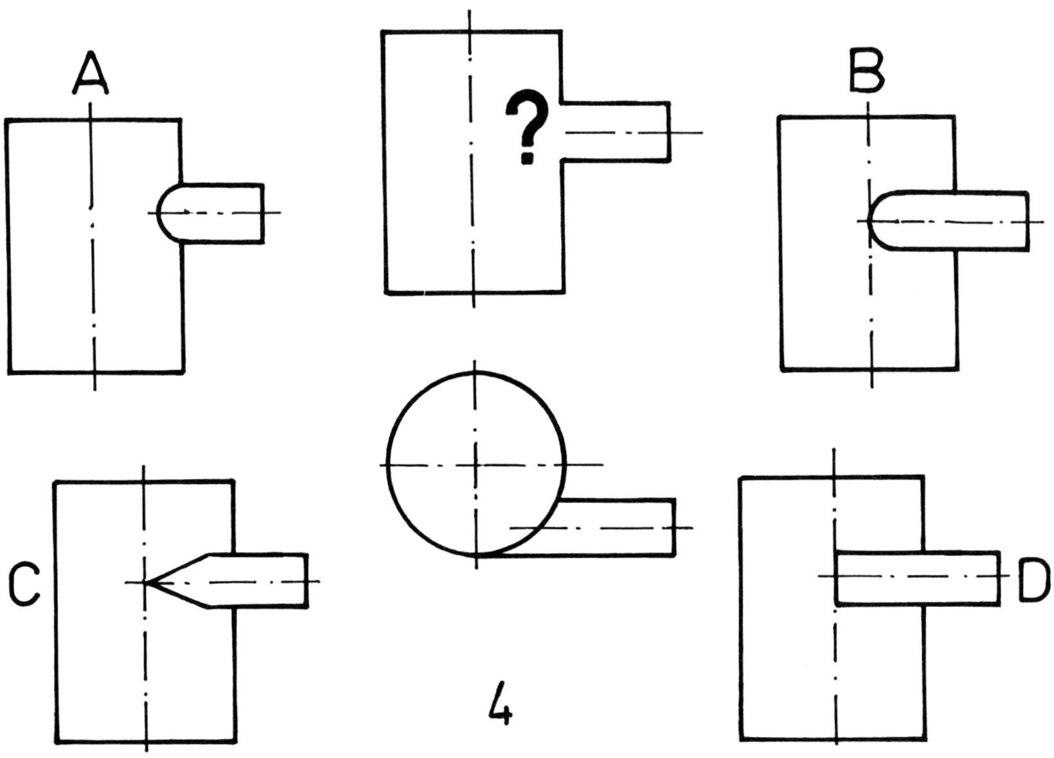

4

Aufgabe 16 Hohlkörper aus Blech I

Zum Bau von Belüftungs- und Klimaanlagen oder zum Befördern von Schüttgut sind Rohre, Kanäle, Trichter, Übergangsstücke, Abzweige und andere Hohlkörper erforderlich. Die Abwicklungen dieser Hohlköprer werden aus Blech geschnitten, gebogen und danach gefügt.
Auf dem Testblatt sind 3 Aufgaben mit schräggeschnittenen Hohlkörpern aus Blech und eine Aufgabe mit Trommelkurven abgebildet. Zu den Vorderansichten wurde die Form der Abwicklung beigegeben, jedoch nicht an der dazugehörigen Stelle.

Aufgabe Ordnen Sie die Abwicklungen den nach Ihrer Ansicht richtigen Vorderansichten zu, und tragen Sie die Reihenfolge der Abwicklungen in die Lösungsfelder ein.

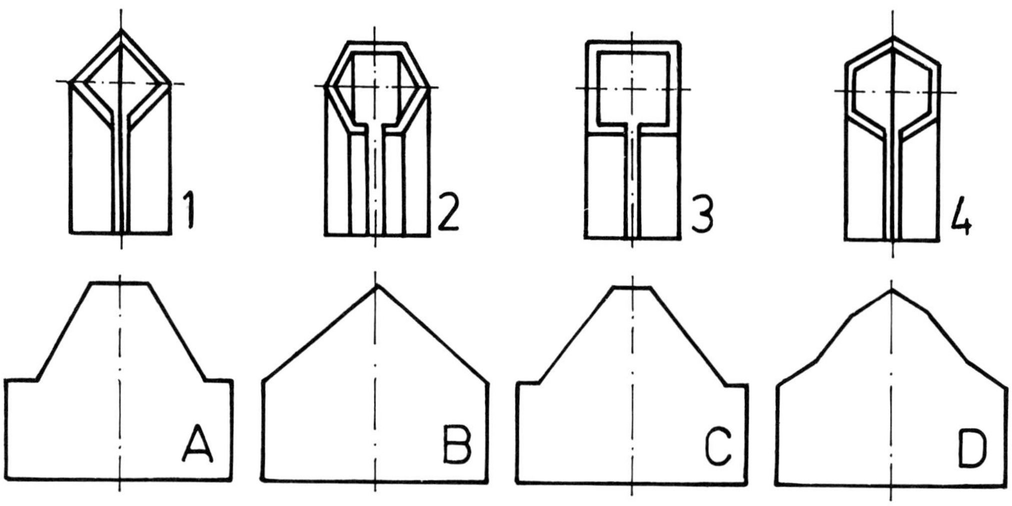

1

1	2	3	4

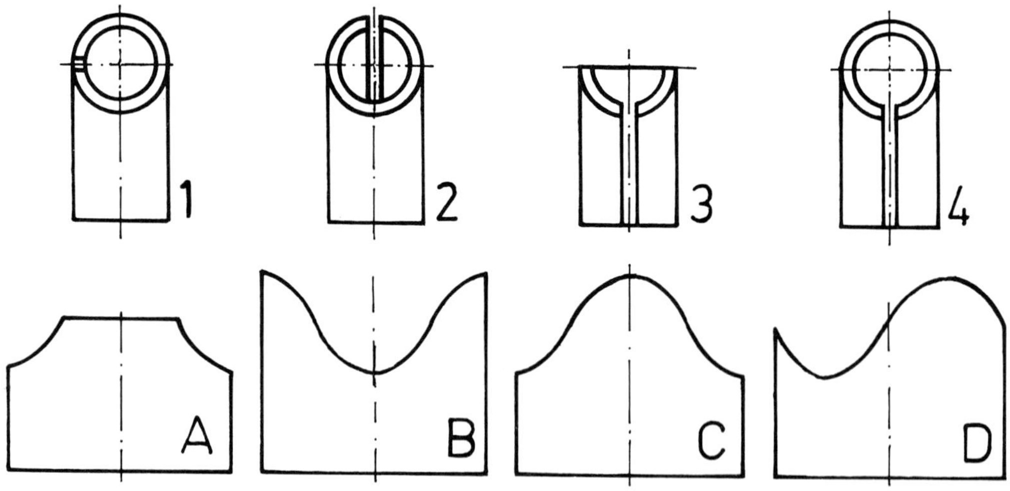

2

1	2	3	4

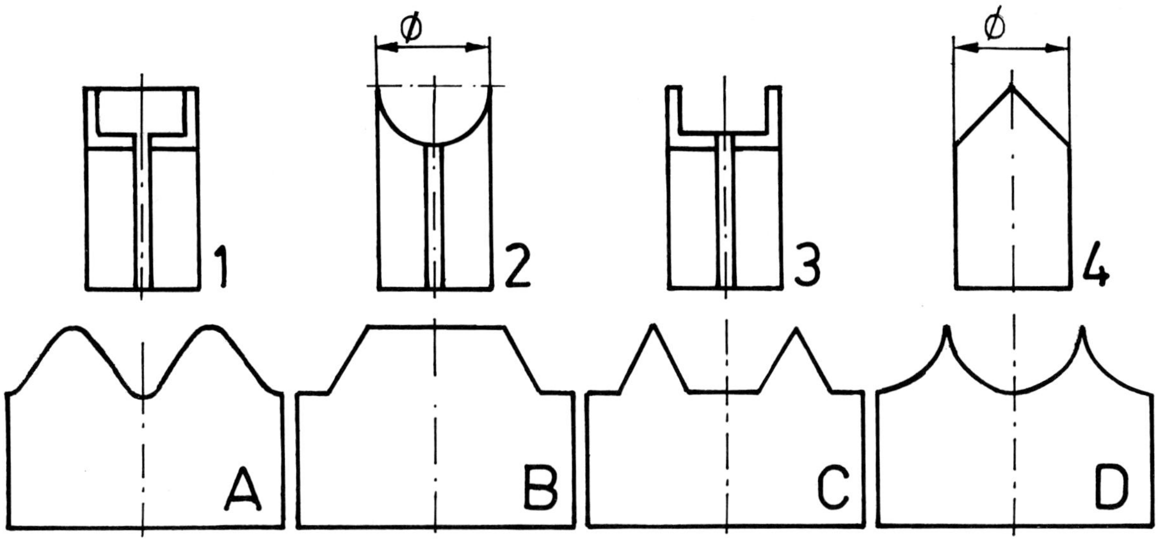

3

1	2	3	4

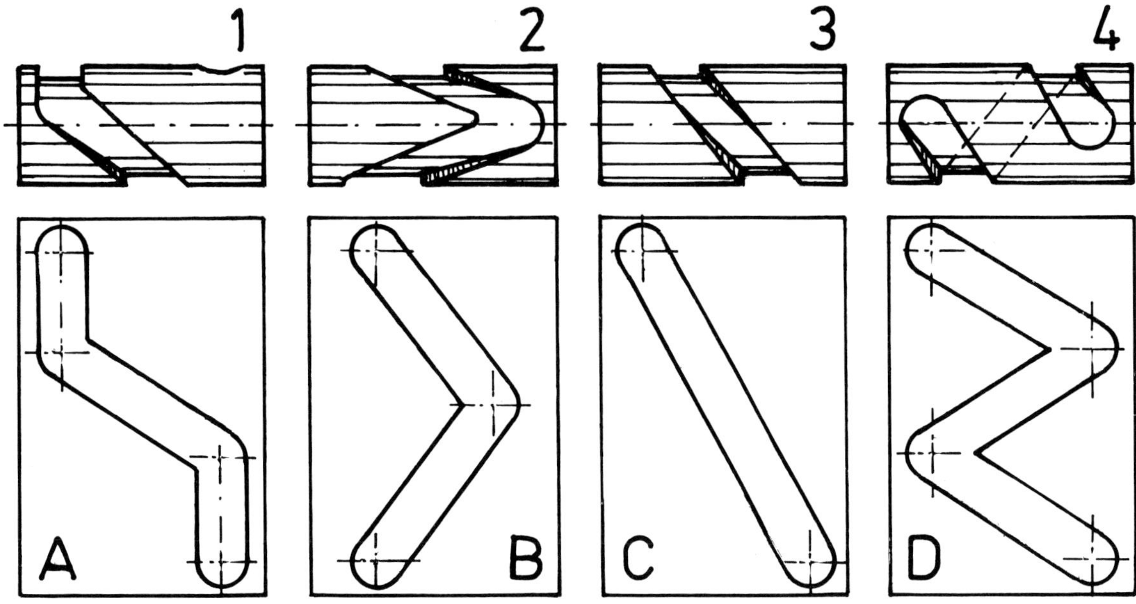

4

1	2	3	4

Aufgabe 17 Hohlkörper aus Blech II

Dieses Testblatt ist praktisch eine weiterführende „Trainingsaufgabe" zur Entwicklung des Vorstellungsvermögens. Zu den jeweils links abgebildeten Hohlkörpern aus Blech gehört eine Abwicklung, hier nur halb dargestellt. Auch auf diesem Testblatt sind die Abwicklungen vertauscht und müssen den Vorderansichten zugeordnet werden.

Aufgabe Zu den links dargestellten Hohlkörpern gehörende Abwicklungen sind zu bestimmen und in der richtigen Reihenfolge in die Lösungsfelder einzutragen.

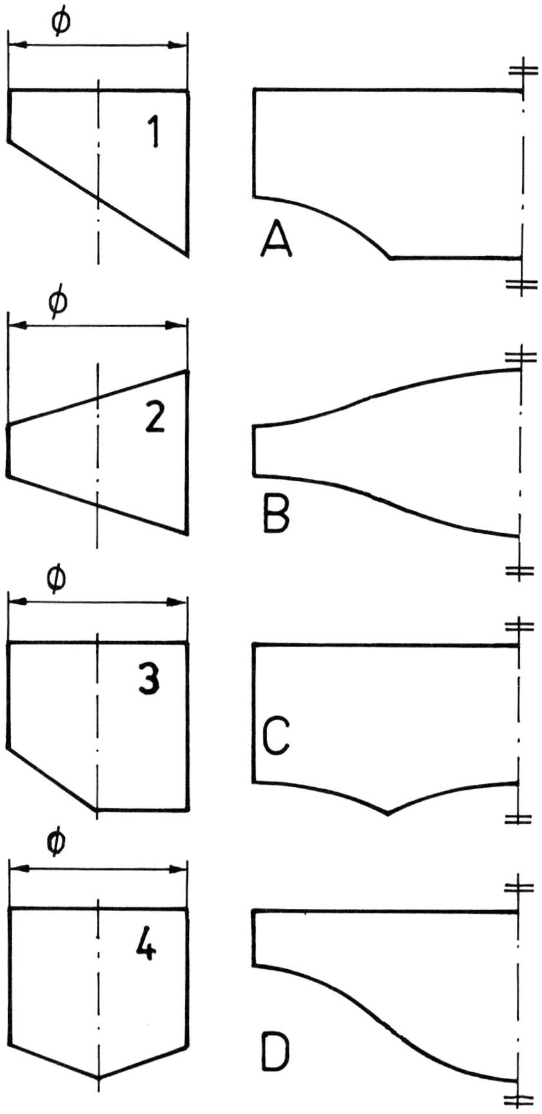

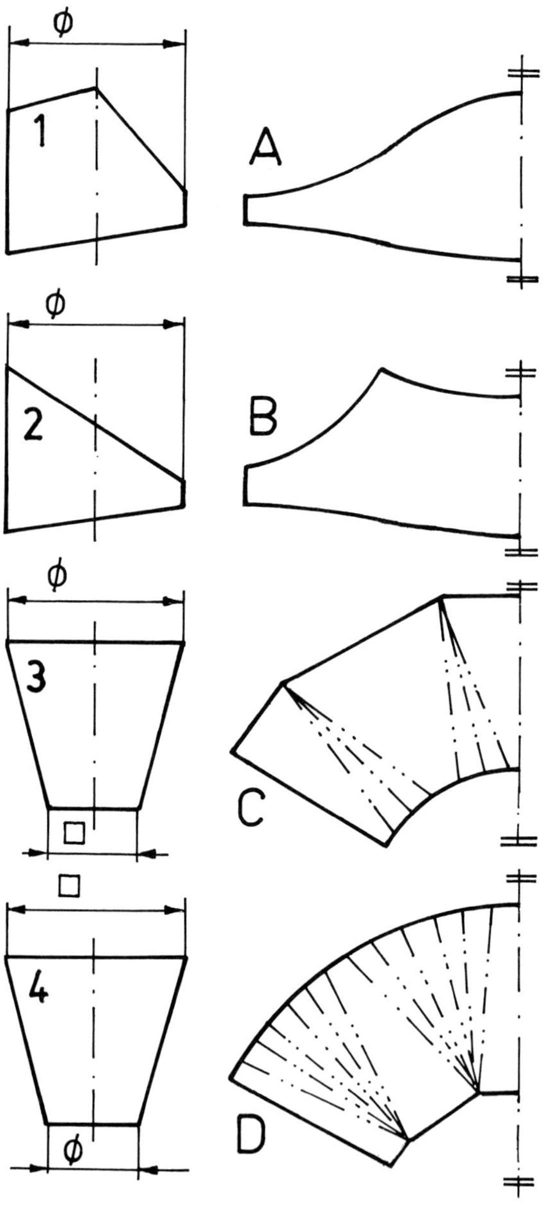

1

1	2	3	4

2

1	2	3	4

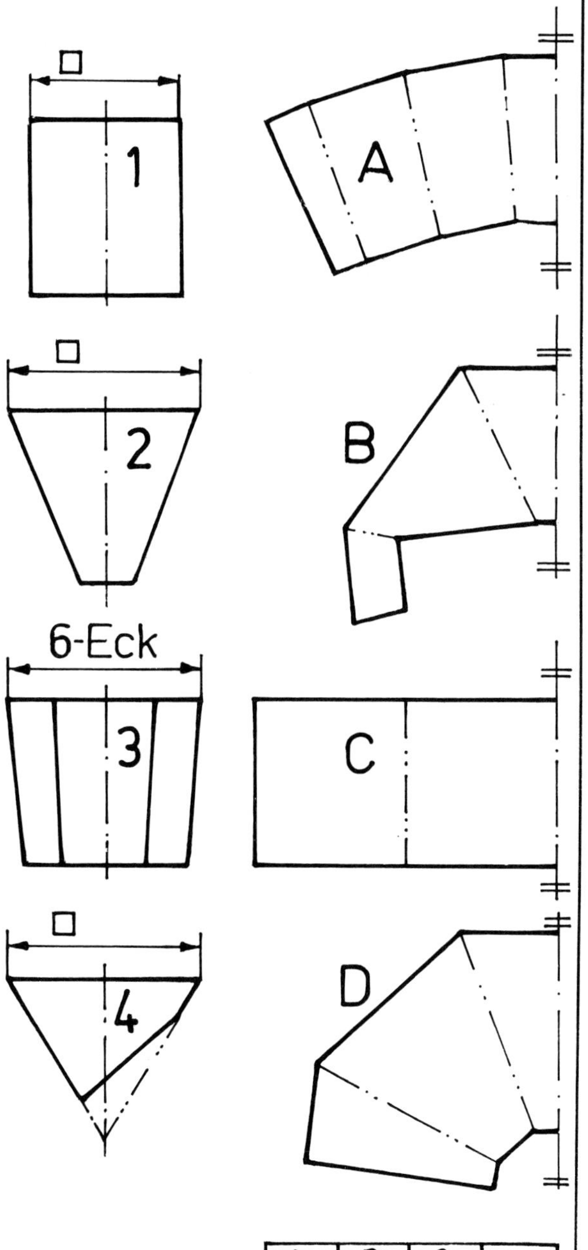

3

1	2	3	4

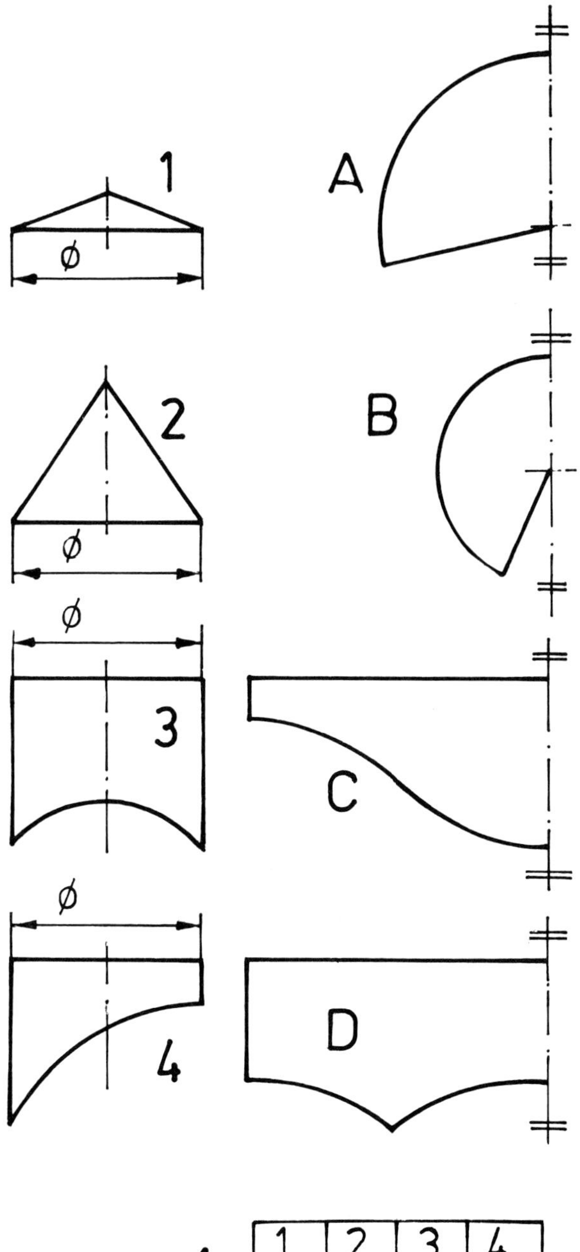

4

1	2	3	4

Aufgabe 18 Hohlwellenenden/Steinbohrer

Auf diesem Arbeitsblatt sind 2 Hohlwellenenden mit radialen und axialen Bohrungen sowie mit Einschnitten dargestellt. Die radialen Bohrungen und Einschnitte ergeben an den Übergangsstellen zur äußeren Form der Wellen und ihrer axialen Bohrungen Durchdringungslinien und -kurven, die in unserem Fall als Körperkanten in Erscheinung treten.
Der Steinbohrer, unten abgebildet, wird mit dem Hammer geschlagen. An seinem Umfang sind 3 V-förmige Nuten für abgeschlagenes Mauerwerk eingefräst, und die Spitze ist schräg angeschliffen. Sie sollen nun gedanklich erfassen, welche Ansichten sich zeigen, wenn die Hohlwellen in die Vorderansicht gedreht und im Schnitt und der Steinbohrer in der Draufsicht betrachtet werden.

Aufgabe Ergänzen Sie die Vorderansicht der Hohlwellenenden in Vollschnittdarstellung und die Draufsicht beim Steinbohrer

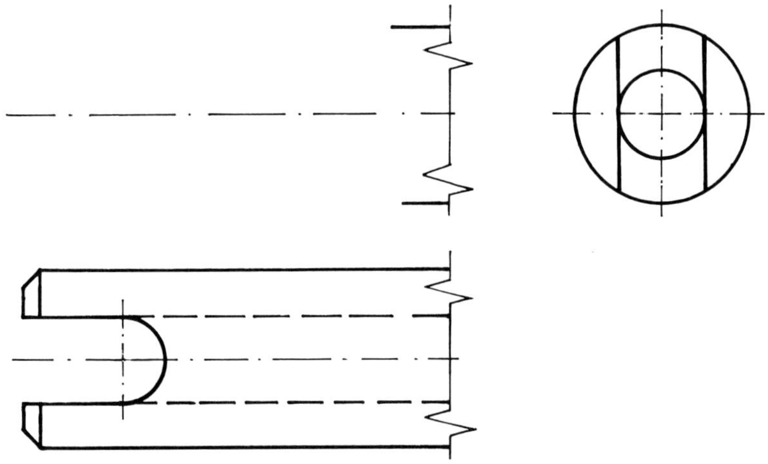

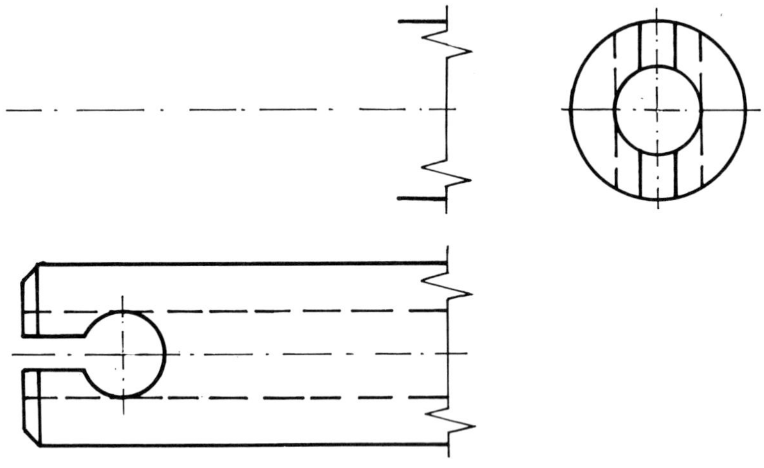

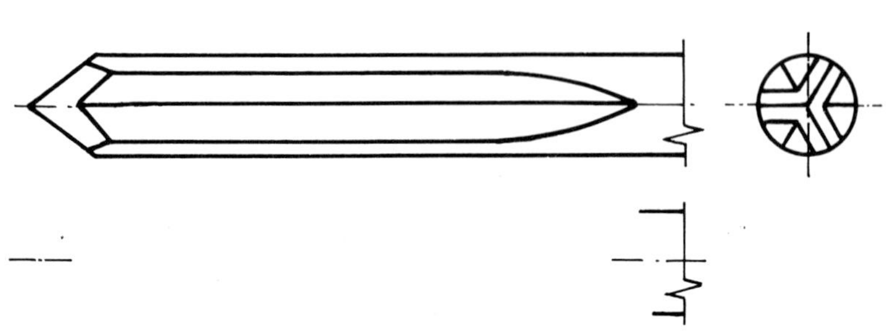

3. Abschnitt

Detaillieren und Komplettieren

Der 3. Abschnitt setzt ein bestimmtes Maß an Wissen und Können über die technische Darstellung sowie einige praktische Erfahrungen voraus. Das gedankliche Zerlegen von Baugruppen, Herauslösen von Einzelteilen und Fügen der Einzelteile zu Baugruppen und die daran anschließende darstellerische Fixierung erfordert bewußtes Beobachten von Baugruppen und technischen Gebilden in den Teil-Ganzheits-Beziehungen sowie in den Beziehungen Zweck-Mittel und Ursache-Wirkung. Ziel des Abschnittes ist es, funktionale Zusammenhänge zu erkennen und zeichnerisch darzustellen.

Das Eindringen in die hier noch einfachen Strukturen ist jedoch ein schwierigerer Vorgang als bisher das gedankliche und graphische Erfassen in den Formelelemente-Einzelteil-Beziehungen oder das gedankliche Drehen und Wenden von Einzelteilen.

Die ausgewählten Beispiele auf den Test- und Arbeitsblättern stammen jedoch aus dem Erfahrungsbereich des täglichen Lebens und sind deshalb relativ einfach mit dem räumlichen Vorstellungsvermögen erfaßbar.

Aufgabe 19 — Eckverbindungen aus Winkelstahl

Das erste Testblatt in diesem Abschnitt zeigt 4 Eckverbindungen aus Winkelstahl, etwas komplizierter als gewöhnlich, zum Schweißen vorbereitet. Insgesamt also 8 Einzelteile, die unterschiedlich geformt sind.

Aufgabe Ordnen Sie den Einzelteilen 1 bis 8 die jeweiligen Vorderansichten A bis H zu, und tragen Sie das Ergebnis in das Lösungsfeld ein.

1	2	3	4	5	6	7	8

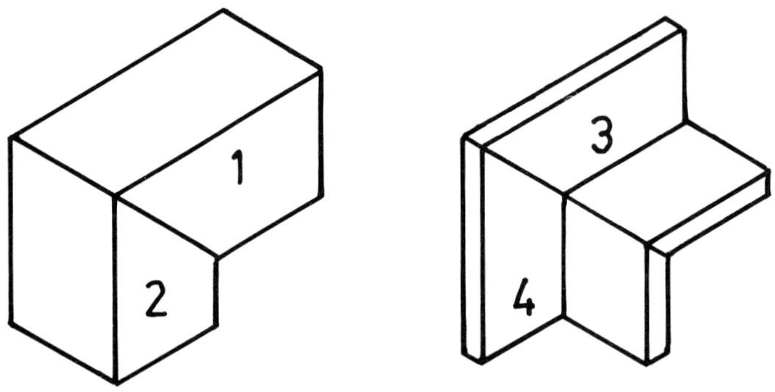

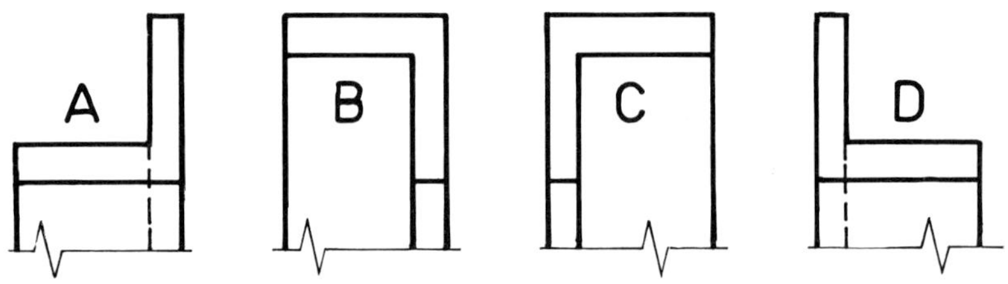

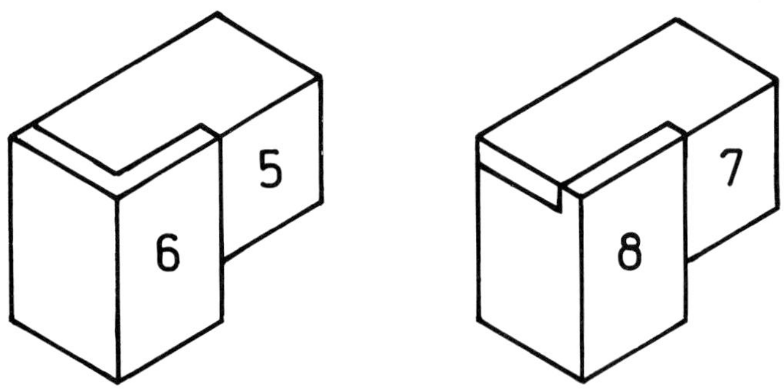

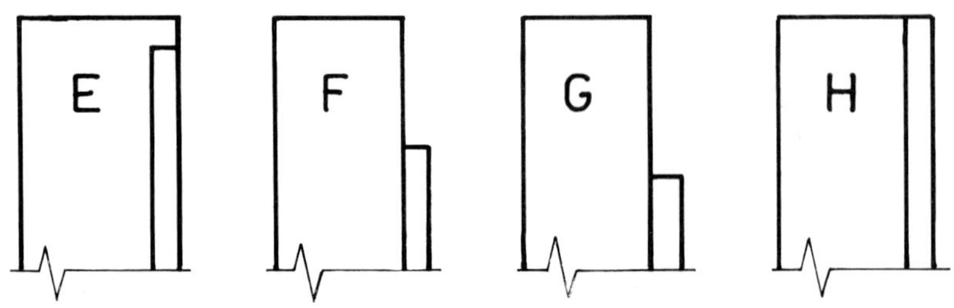

1	2	3	4	5	6	7	8

Aufgabe 20 — Stahlbauverbindungen

Beim Stahlbau wird hauptsächlich Stahl für Tragkonstruktionen verwendet. Die dabei entstehenden Verbindungen, wie z.B. Eckverbindungen oder eingefügte Verstrebungen, erfordern die Vorbereitung der Profilstähle. Durch exaktes Anpassen der Profilstähle an das Anschlußprofil kann nach dem Schweißen eine hohe Festigkeit erreicht werden. Die Formen des Anpassens sind vielfältig. Das Aufgabenblatt zeigt 3 zum Schweißen vorbereitete Stahlbauverbindungen, die gedanklich zu lösen und einzeln darzustellen sind.

Aufgabe Ergänzen Sie die auf dem Arbeitsblatt schon vorgegebene Draufsicht der numerierten Einzelteile durch die Vorderansicht und Seitenansicht von links.

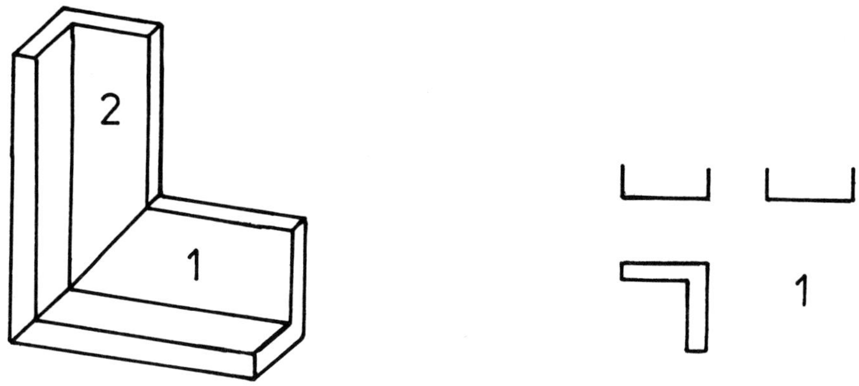

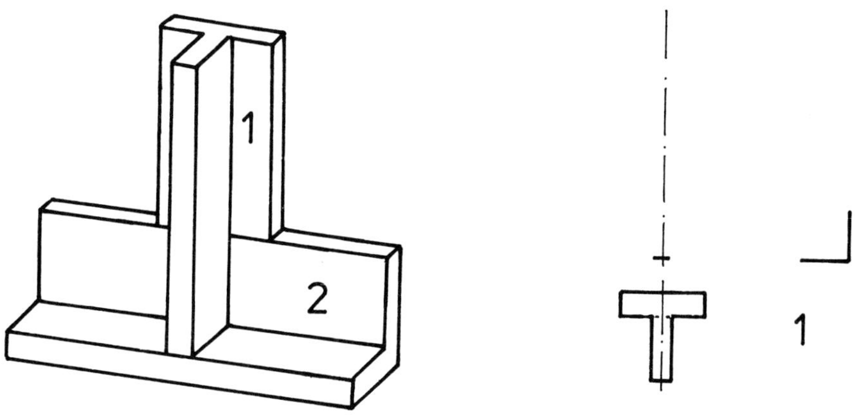

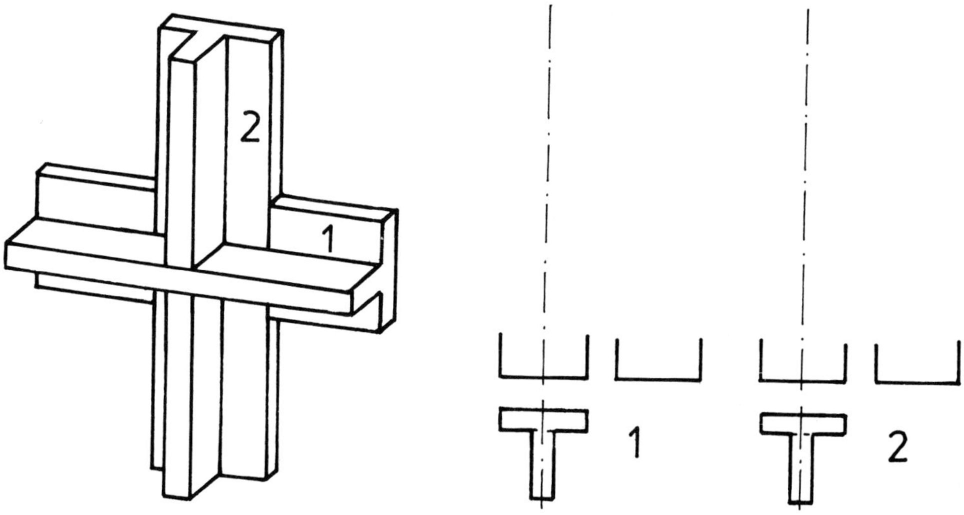

Aufgabe 21 Grundprinzipe technischer Gebilde

Die auf dem Testblatt dargestellten technischen Gebilde sind als mechanische Systeme mit bestimmten Strukturen ausgerüstet, um einen bestimmten Zweck für die menschliche Arbeit zu erfüllen. Diese mechanischen Systeme sind meist mehr oder weniger dem menschlichen Auge verborgen (black box) und können in ihrer Funktion nur im Zusammenhang mit der Eingabe-Ausgabe-Relation erkannt werden; also, welche Handhabung einerseits ergibt welche Wirkung andererseits.

Mit etwas Vorstellungsvermögen läßt sich dann die Funktion der technischen Gebilde mit wenig Strichen als Grundprinzip oder Prinzipskizze darstellen. Das zeigt auch das Testblatt. Ihnen wird es sicher nicht schwerfallen, die funktionsgerechten Prinzipskizzen bei den einfachen technischen Gebilden: Schraubstöcke, Kniehebelspanner, Tischbohrmaschine und Meßuhr herauszufinden.

Etwas komplizierter ist die Spannvorrichtung an der Bleistiftspitzmaschine. Wenn man die beiden Hebel zusammendrückt, geben die 3 Spannsegmente den Bleistift frei. Beim Loslassen zieht eine Feder die Hebel auseinander, und die 3 Segmente spannen den Bleistift fest. Der linke Hebel ist in Einheit mit dem Gehäuse (als Sechskant erkennbar) und den 3 Lagerstellen der Segmente fest verbunden. Der rechte Hebel dreht die große Scheibe, die das Schwenken der Segmente bewirkt.

Versuchen Sie, sich die Bewegungsverhältnisse vorzustellen, dann finden Sie auch die richtige Prinzipskizze.

Aufgabe Zu den dargestellten technischen Gebilden 1 bis 8 sind die entsprechenden Prinzipskizzen (mit Buchstaben versehen) zuzuordnen und das Ergebnis in das Lösungsfeld einzutragen.

1	2	3	4	5	6	7	8

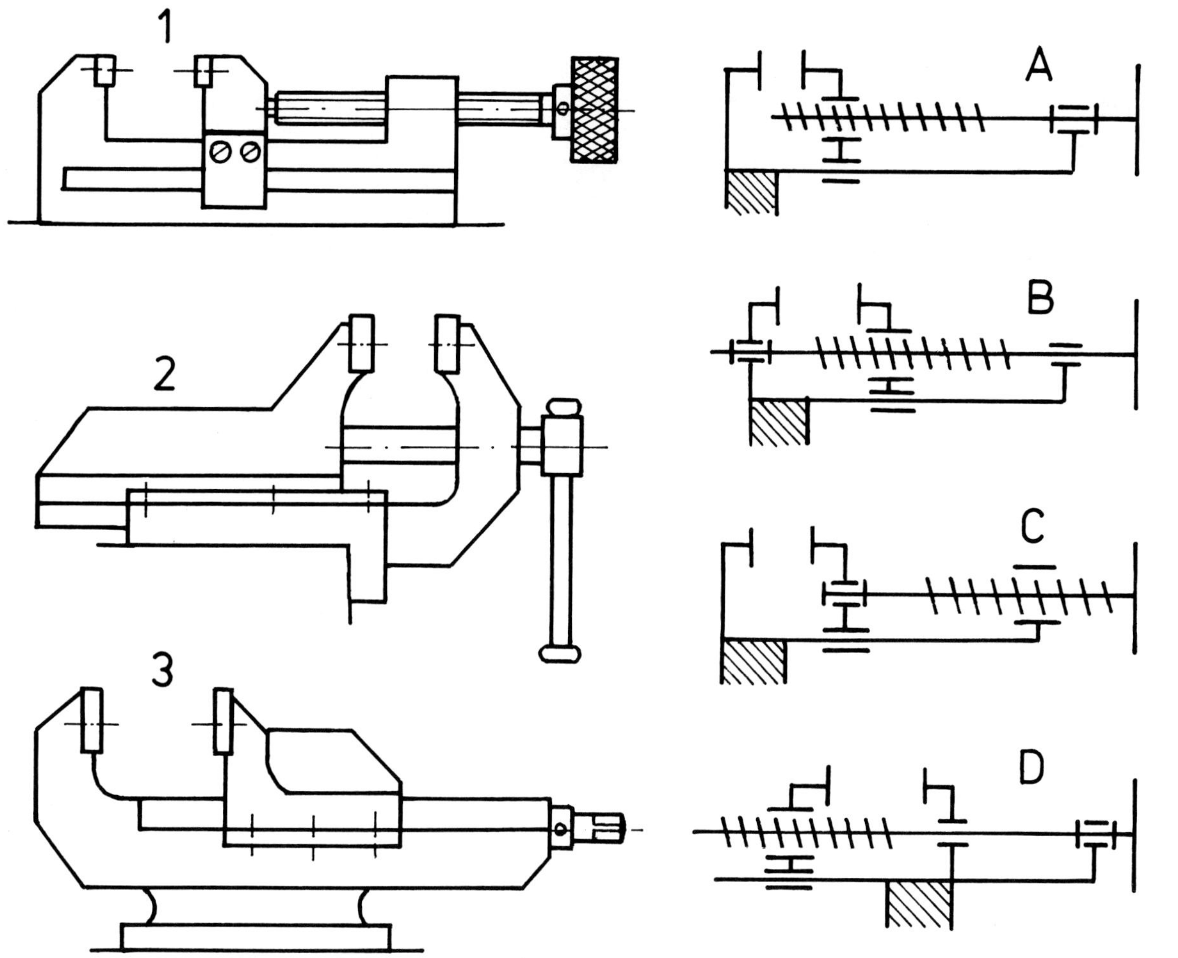
1
2
3
A
B
C
D

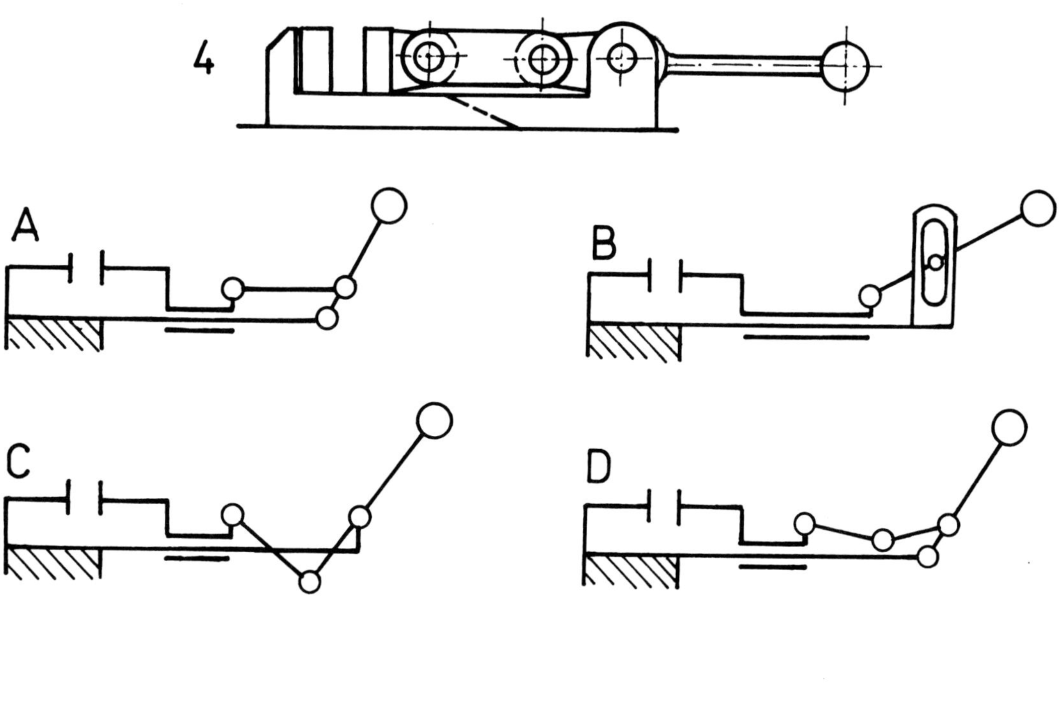
4
A
B
C
D

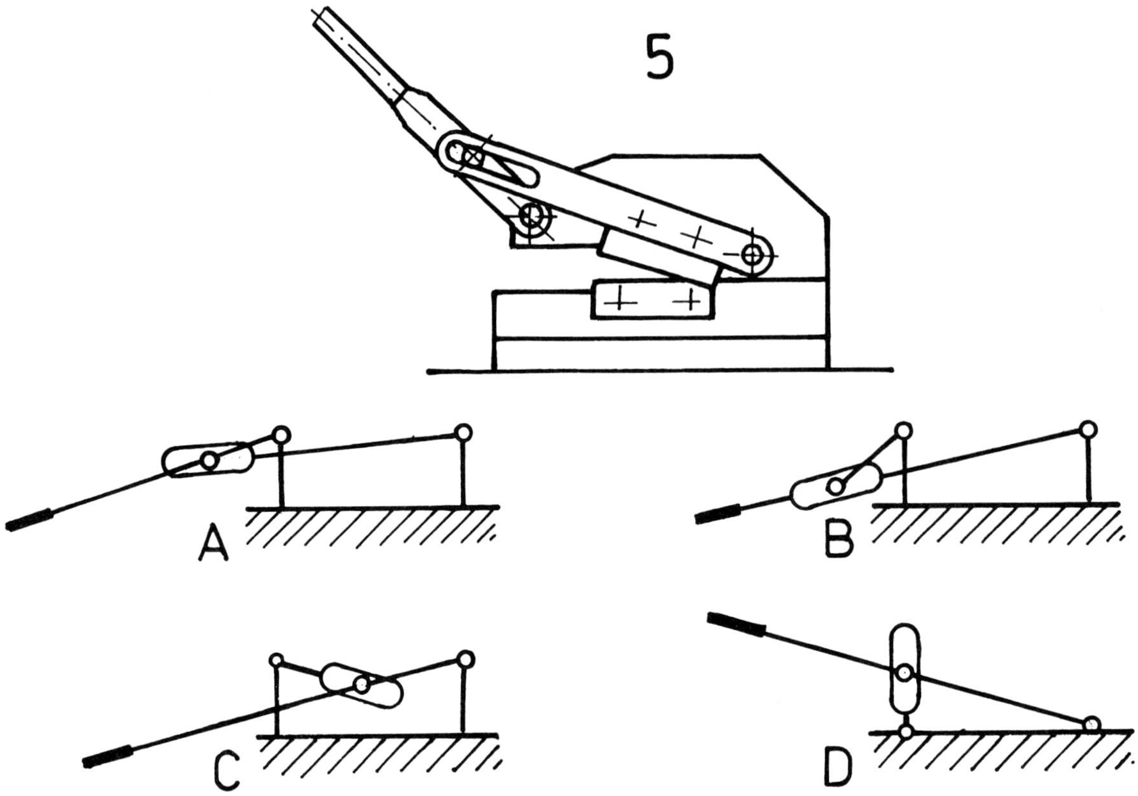

5

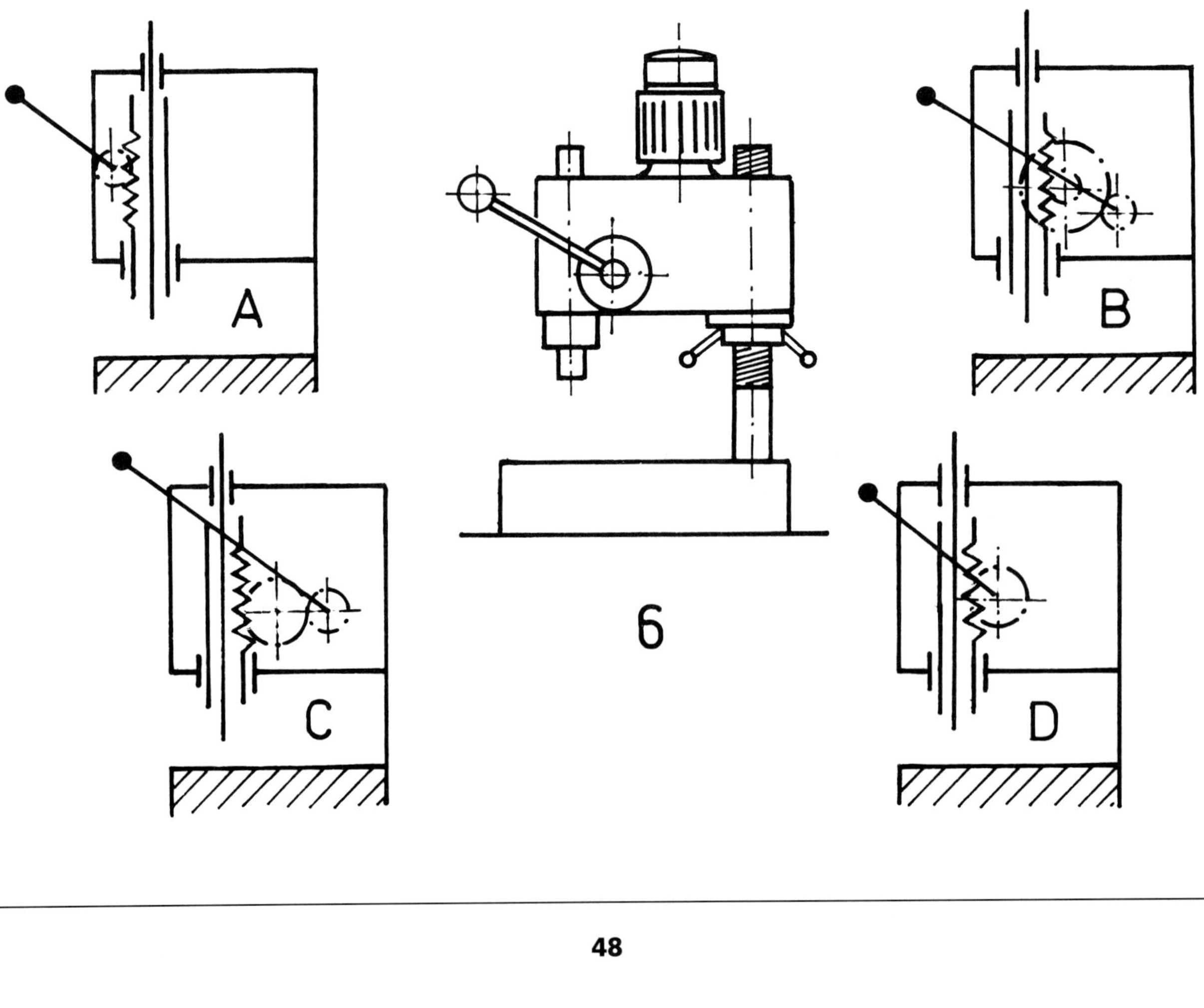

6

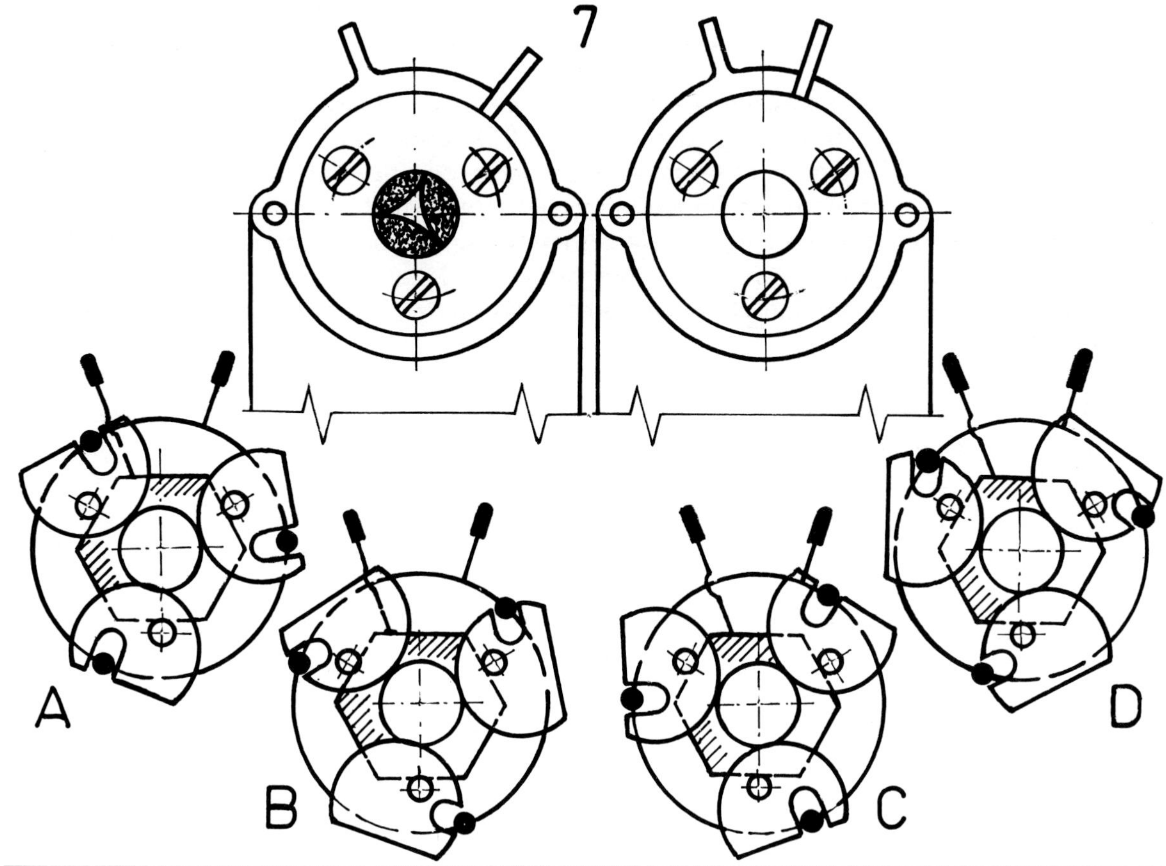
7
A
B
C
D

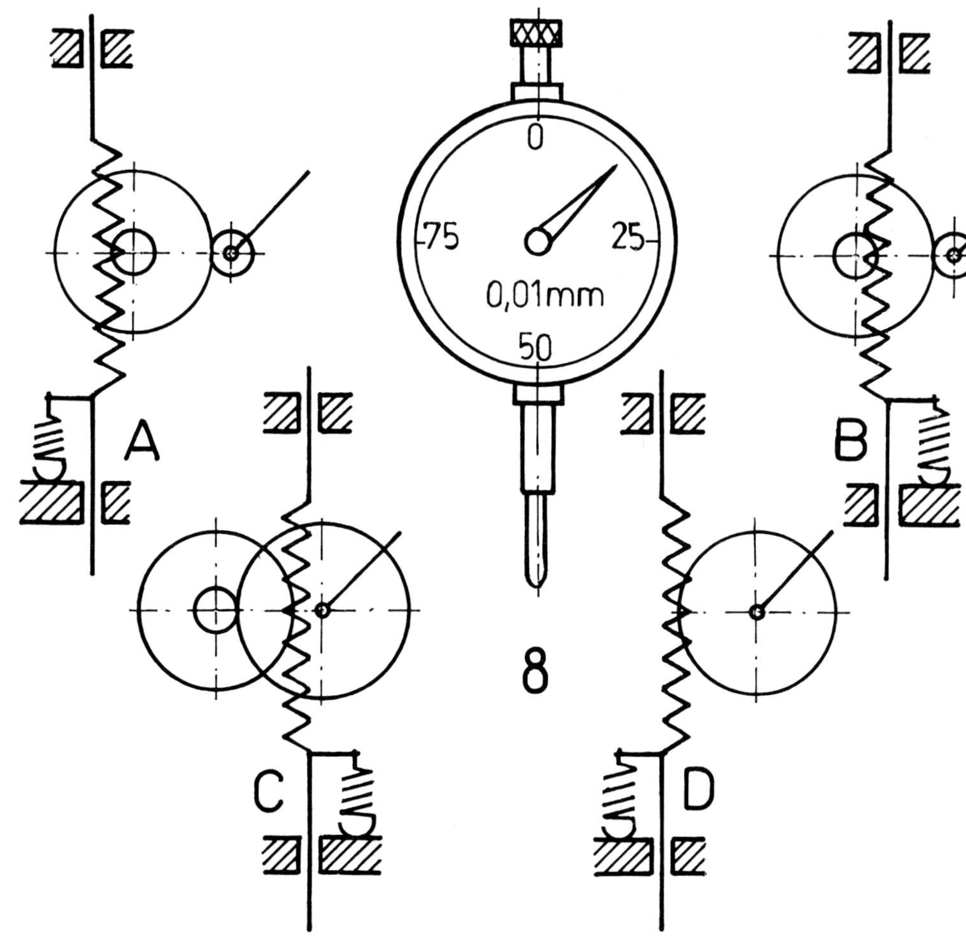
0
75
25
0,01mm
50
A
B
C
D
8

Aufgabe 22 Handbohrmaschinen

Drei verschiedene Handbohrmaschinen sind auf diesem Arbeitsblatt abgebildet. Bei der oben dargestellten ist die Hauptbewegung (die drehende Bewegung der Bohrspindel) eingängig. In den Gehäusen der beiden anderen Bohrmaschinen verbergen sich Zahnrädergetriebe, die eine langsamere und eine schnellere Drehzahl ermöglichen. Umgestellt wird bei der mittleren Abbildung durch Aufstecken des Drehlings auf die vordere (langsam) oder hintere (schnell) Welle, bei der unteren Abbildung durch Verschieben der hinteren Welle: Stellung I langsam, Stellung II schnell. Versuchen Sie, einen Einblick in die Getriebekästen der zweigängigen Handbohrmaschinen zu bekommen.

Aufgabe Wie im Ansatz oben gezeigt, sind die Prinzipskizzen der beiden anderen Handbohrmaschinen auf dem Arbeitsblatt anzufertigen.

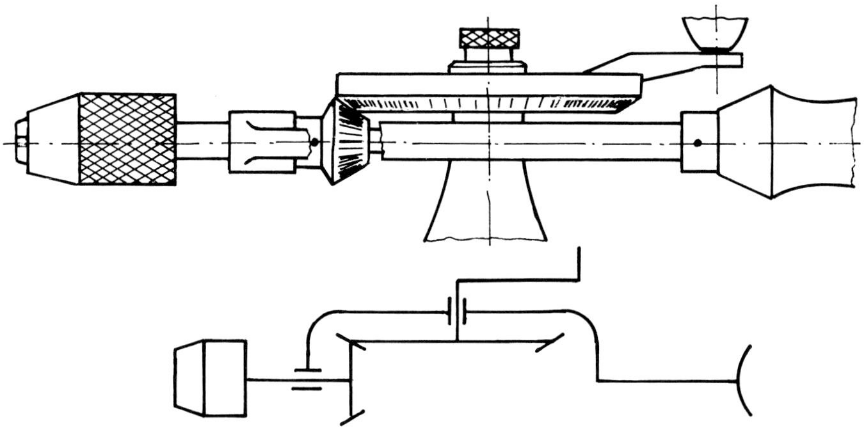

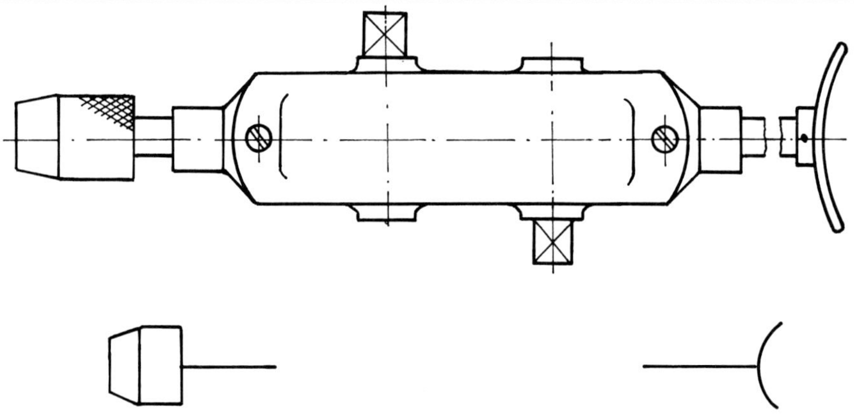

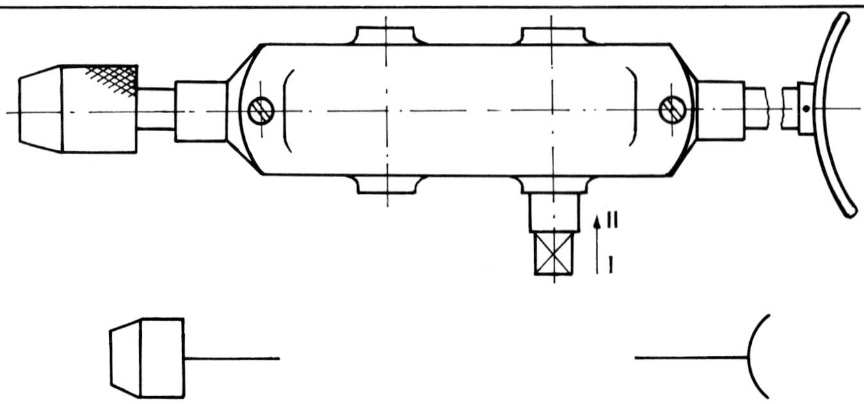

Aufgabe 23 Kippschalter/Türverschluß/Türfeststeller

Am oben abgebildeten Kippschalter für das Aus- und Einschalten eines Stromkreises wird beim Schaltvorgang eine Druckfeder im Inneren des Gehäuses gespannt, bis die Kontaktwalze auf zwei hintereinander liegende Kontaktfedern umspringt (kippt). An diese werden die Leitungsenden angelötet.
Der darunter dargestellte Türverschluß (auch Basküleverschluß genannt) verschiebt 2 Stangen in entgegengesetzter Richtung, wenn der Handgriff geschwenkt wird (Drehbewegung). Die beiden Stangen greifen oben und unten in Vorsprünge ein.
Im Prinzip ähnlich wie beim Kippschalter geht es im Inneren des Türfeststellers zu. Durch kräftigen Federdruck kann die Tür in der Ruhestellung „fest" nicht vom Wind zugeschlagen werden. Versuchen Sie, sich ein genaueres Bild von den inneren Strukturen dieser 3 Gegenstände zu machen.

Aufgabe Zeichnen Sie von den 3 technisch-realen Gegenständen die Prinzipskizzen in die vorgesehenen Felder ein. Beim Türverschluß sind ausnahmsweise beide Ruhestellungen (Auf und Zu) darzustellen.

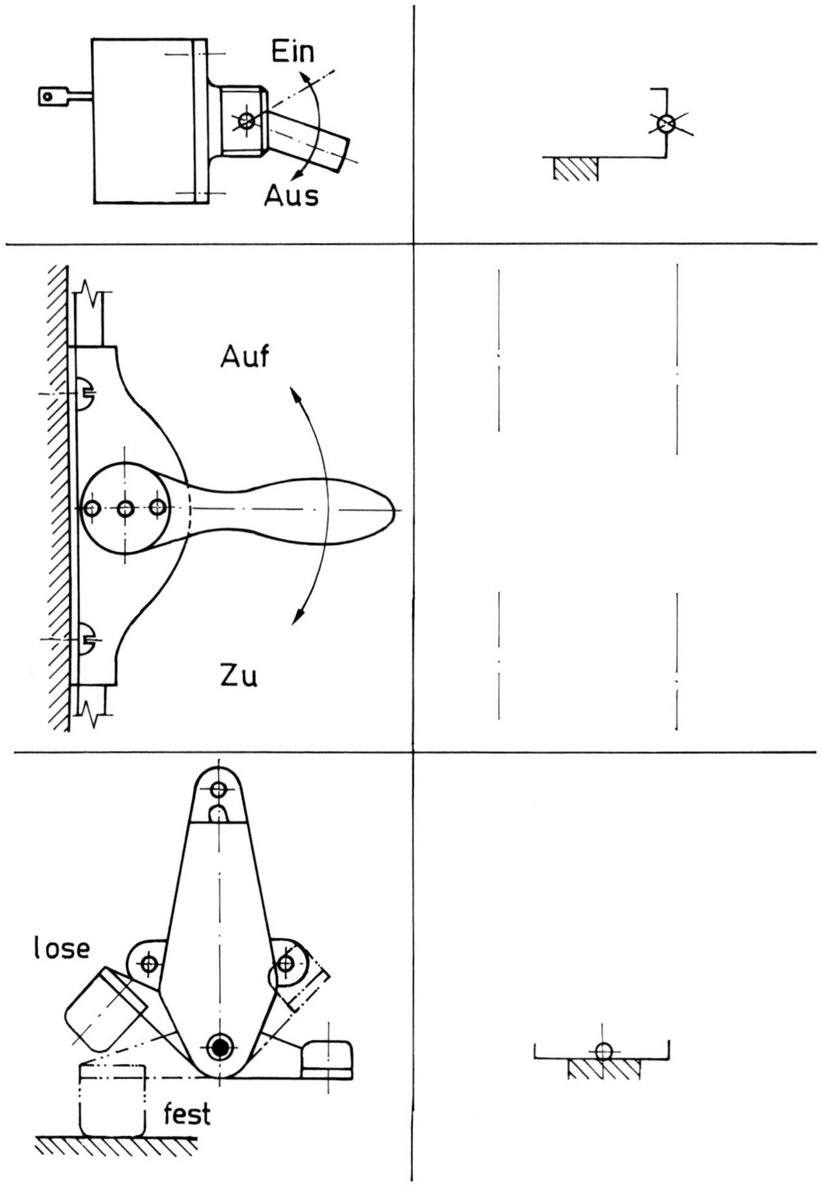

Aufgabe 24 — Winden

Das Arbeitsblatt zeigt Winden zum Heben und Senken von Lasten, vorwiegend als Wagenheber verwendet. Bei den Schraubenwinden wird eine Gewindespindel oder eine Mutter durch Handkurbel direkt oder über dazwischengeschaltete Zahnräder gedreht.
Bei den Zahnstangenwinden greift das letztgetriebene Zahnrad in eine Zahnstange ein, um die auf dem Windenkopf ruhende Last zu heben. Der Einblick in die Funktion der Winden soll gewonnen werden.

Aufgabe Zeichnen Sie die Grundprinzipe der 5 Winden auf die vorgegebenen Mittelachsen.

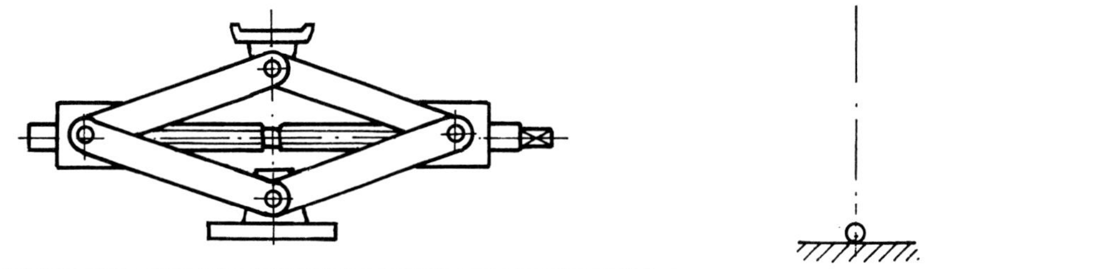

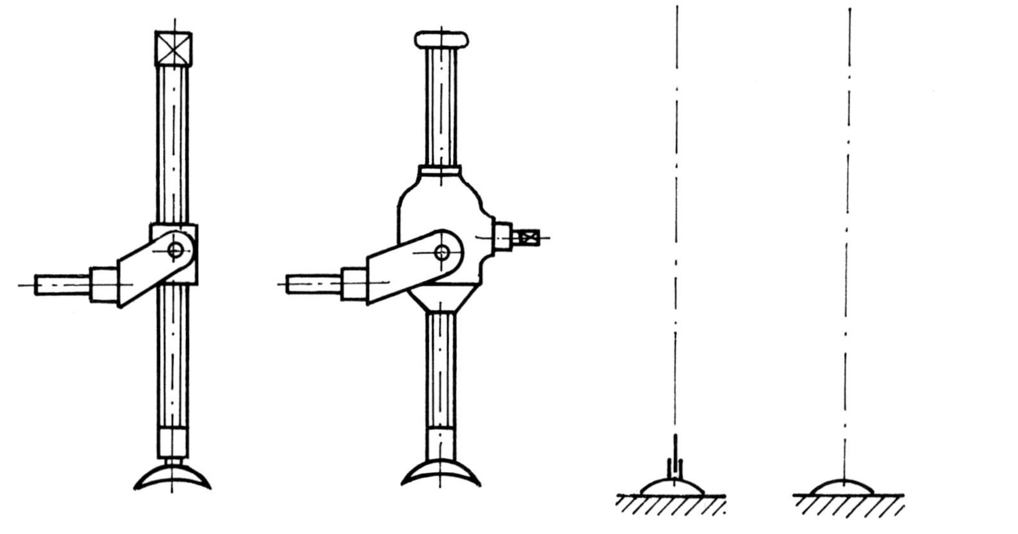

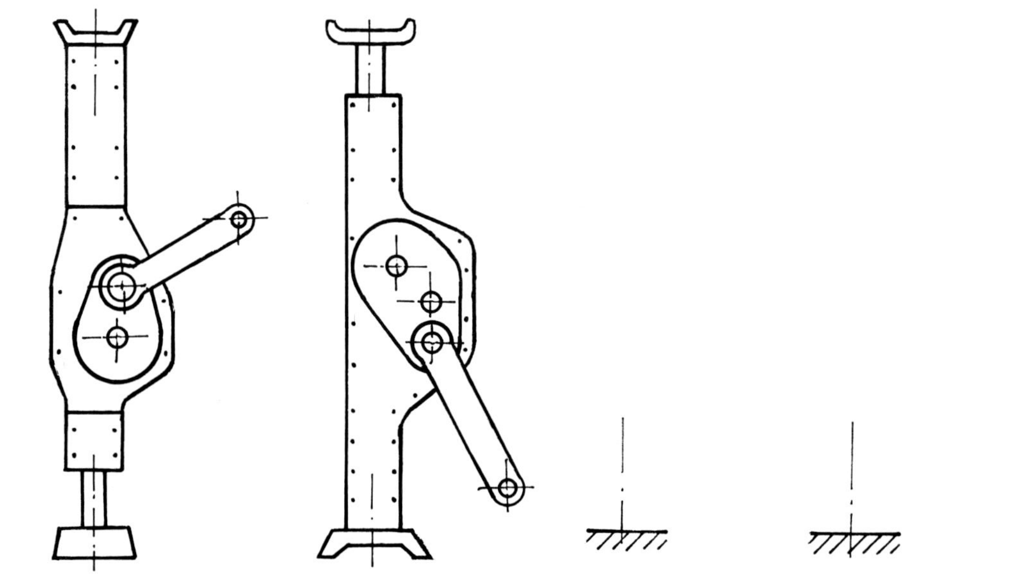

4. Abschnitt

Konstruieren

Das Wesen der folgenden Aufgaben liegt weniger im wissenschaftlichen Konstruktionsprozeß begründet, sondern das Gedankenspiel und die Gedankenvielfalt anzuregen, ist der tiefere Sinn dieser Arbeitsblätter. Sie sollen das schöpferische Denken als produktives Wirken und als eine Voraussetzung für den erfolgreichen Konstrukteur entwickeln helfen. Durch Aufgabengegenstände aus dem beruflichen und privaten Erfahrungsbereich, Gegenstände, die schon mal gesehen oder wahrgenommen wurden und deshalb gedanklich reproduziert werden können, sind erste Impulse zur Einleitung einer konstruktiven Lösung gegeben.

Jedoch, es gibt beim Konstruieren immer mehrere Lösungen, günstige und ungünstige. Diese Gesichtspunkte sollen in der Aufgabenreihe noch nicht so streng gesehen werden. Auch originelle oder überschwengliche „Konstruktionslösungen" haben einen tieferen Sinn und ihre Bedeutung für schöpferisches Denken.

Aufgabe 25 Rohrschellen

Rohrschellen dienen vorwiegend zum Befestigen von Gas-, Wasser- und Heizungsrohren. Die rohrumgreifenden Bügel (Schellen), zumeist in Verbindung mit Mauerhaken, finden in vielfältiger Form in Wohn- und Industriebauten ihre Anwendung. Rohrschellen für Heizungsanlagen sind im Durchmesser etwas größer, um bei der Wärmeausdehnung der Rohre keinen Schaden zu nehmen.
Das Aufgabenblatt zeigt allgemein übliche Rohrschellen. Vielleicht gelingt es Ihnen, sich an schon wahrgenommene Rohrbefestigungen zu erinnern, wenn Sie aufgefordert werden, weitere Rohrbefestigungen zeichnerisch zu reproduzieren. Sie können auch Lösungen eintragen, die ökonomische und technologische Forderungen noch nicht exakt erfüllen.

Aufgabe Skizzieren oder zeichnen Sie an die rechts angedeuteten Rohrquerschnitte weitere Rohrbefestigungen für einfache und doppelte Rohrleitungen in der Draufsicht.

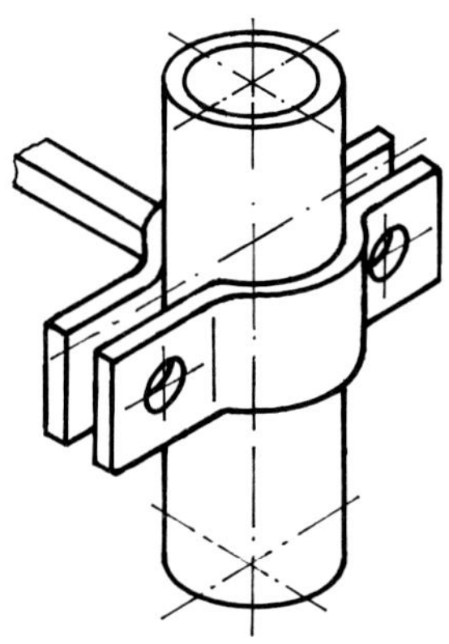

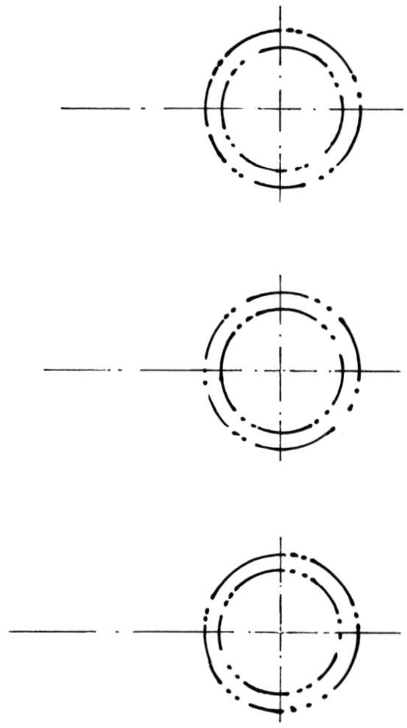

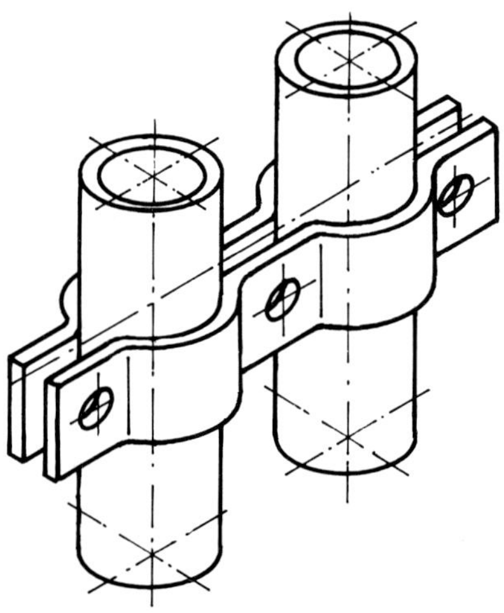

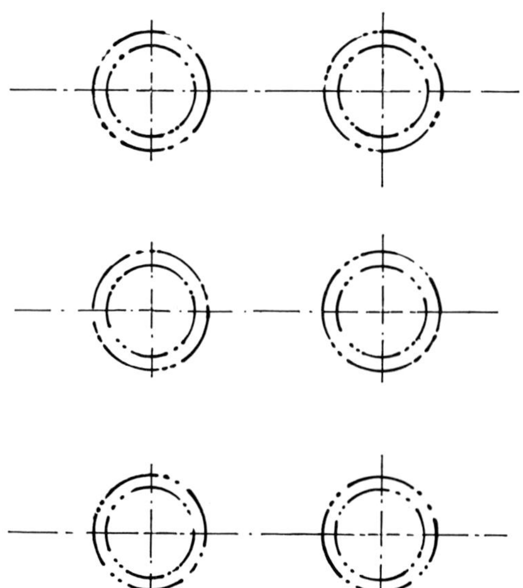

Aufgabe 26 — Lasche/Gelenkstücke

Laschen- und Gelenkverbindungen finden Anwendung in fast allen Bereichen der Metallindustrie. Laschen z.B. für kettenähnliche Verbindungen, Gelenkverbindungen für Wellen oder Werkzeuge, wenn wegen unbestimmter Verlagerungen oder Zugänglichkeiten gelenkige Verbindungen diese Probleme lösen helfen.
Die 3 Beispiele auf dem Arbeitsblatt sind jeweils durch ein Zwischenstück zu verbinden.

Aufgabe Entwerfen und zeichnen Sie im Rahmen der vorgegebenen Hüllkörper (räumliche Darstellung) Lösungsvorschläge, die zur Verbindung der vorgezeichneten Anschlußstücke erforderlich sind.

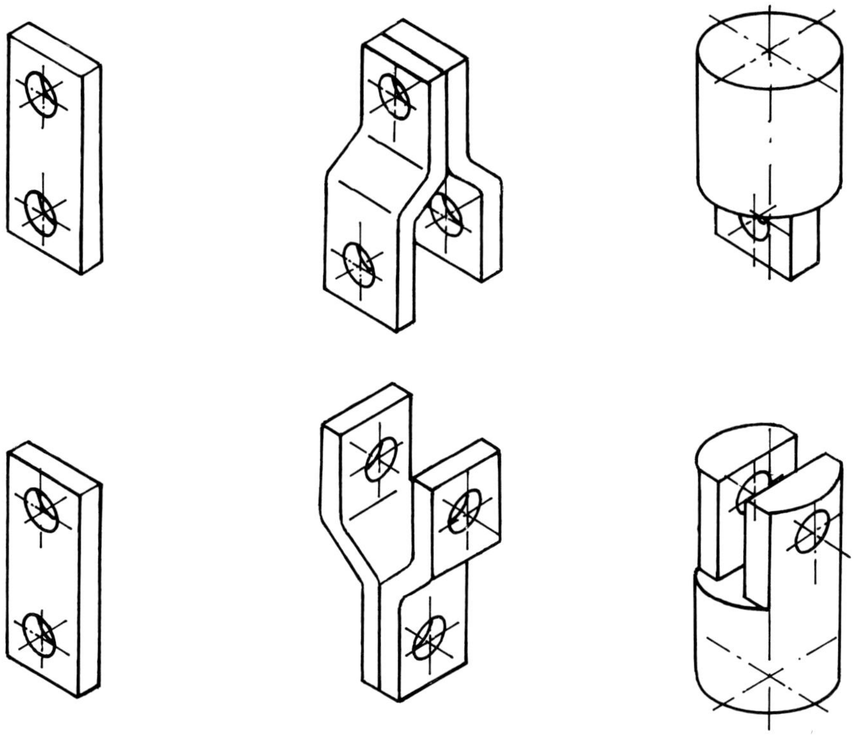

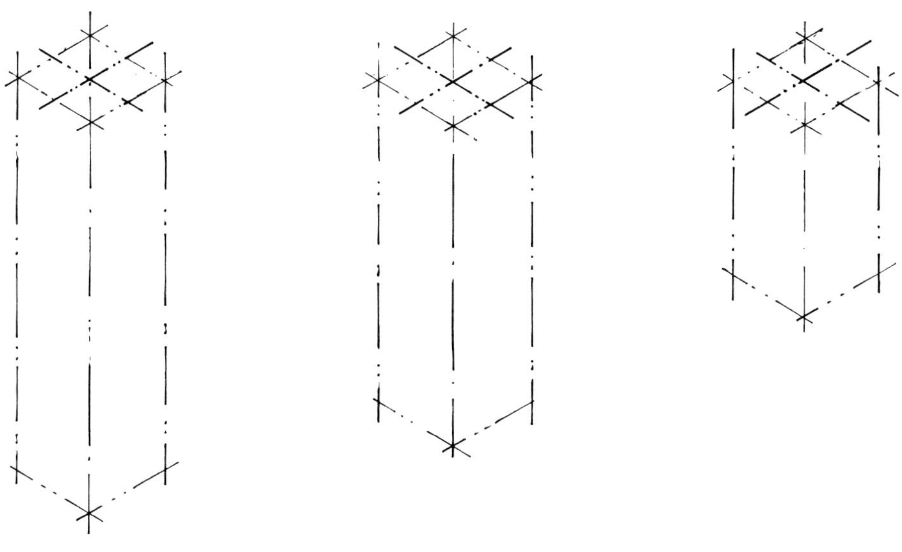

Aufgabe 27 Einsteckschlüssel/Raststift

Zum Spannen und Lösen von Werkstücken im Dreibackenfutter einer Drehmaschine ist der Vierkant-Einsteckschlüssel mit der Schlüsselweite von 10 mm erforderlich. In der Skizze fehlt als kraftübertragendes Element der Schaftteil des Schlüssels.

Aufgabe Entwerfen und skizzieren Sie einen Lösungsvorschlag für den Schaftteil des Vierkantschlüssels verkürzt (ein Stück herausgebrochen) auf die vorgezeichnete Mittelachse im Maßstab 1 : 1 mit allen zur Fertigung erforderlichen Angaben.

Raststifte arretieren in Bohrungen oder Kerben, bei Teilköpfen oder anderen Teileinrichtungen das eingespannte Werkstück, damit es nacheinander um einen bestimmten, einstellbaren Winkelbetrag weitergedreht werden kann.

Aufgabe Ergänzen Sie die Innenansicht des Raststiftes in den vorgezeichneten Konturen im eingerasteten Zustand und im Vollschnitt durch Einzeichnen des Stiftes, der Gehäusewandung, der Feder und der Verriegelung.

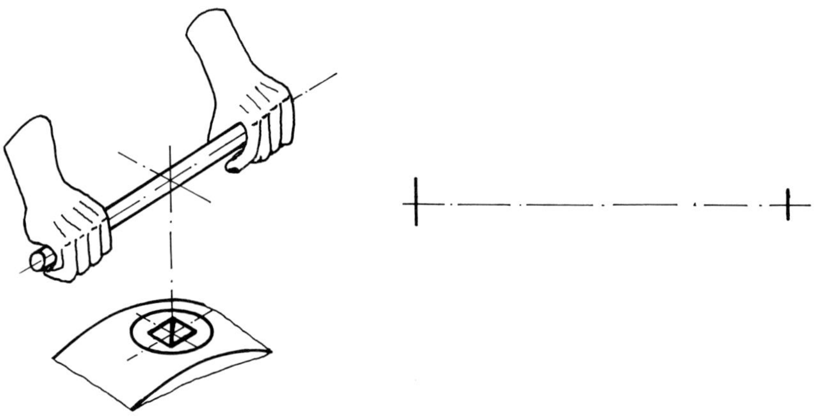

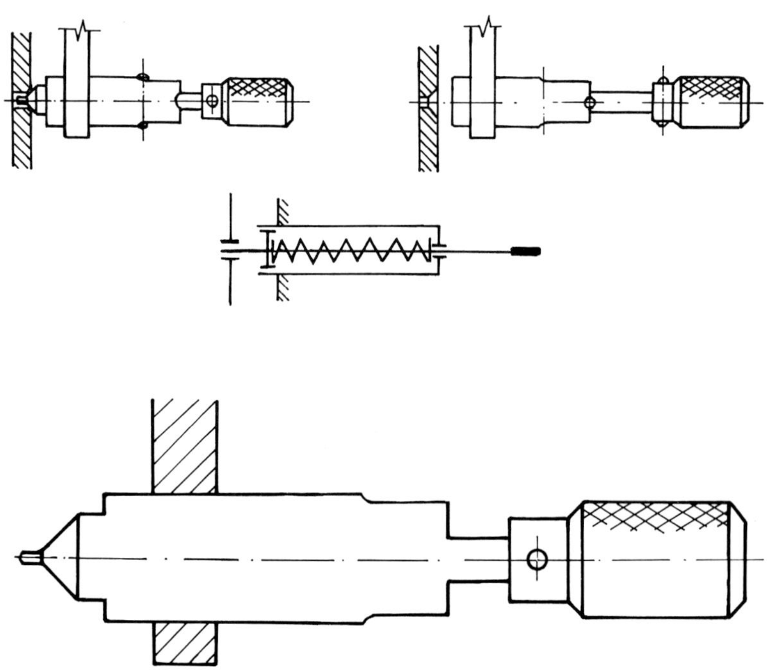

Aufgabe 28 — Aufhängevorrichtung für I-Träger

Der auf dem Arbeitsblatt abgebildete 10 Meter lange Stahlträger I-E700 hat eine Masse von etwa 1,3 Tonnen. Er soll mit einem Kran unfallsicher transportiert werden. Jedoch, an den beiden Kettenenden fehlen die Anhängevorrichtungen. Erste Gedanken über die Gestaltung dieser Vorrichtungen entwickeln sich schon beim Anblick dieser Problematik. Diese Gedanken sollten zeichnerisch fixiert werden. Erst danach ist zu beurteilen, welcher Entwurf am besten die Forderungen: handhabbar, unfallsicher und vertretbarer Material- und Fertigungsaufwand erfüllt.

Aufgabe Entwerfen und zeichnen Sie einige Lösungsvorschläge zum Anhängen des Trägers an die Ketten eines Kranes, damit der Träger unfallsicher transportiert werden kann.

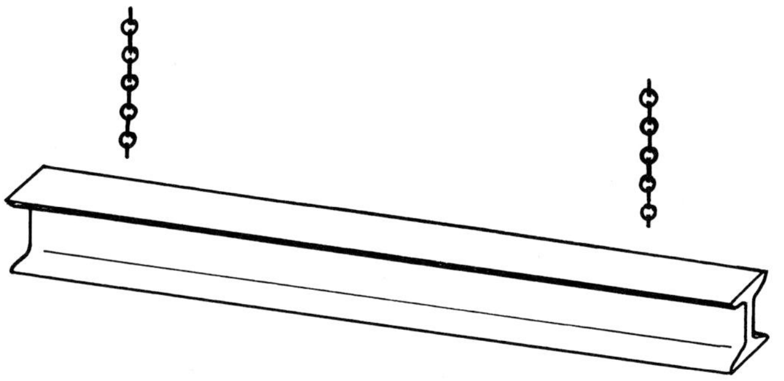

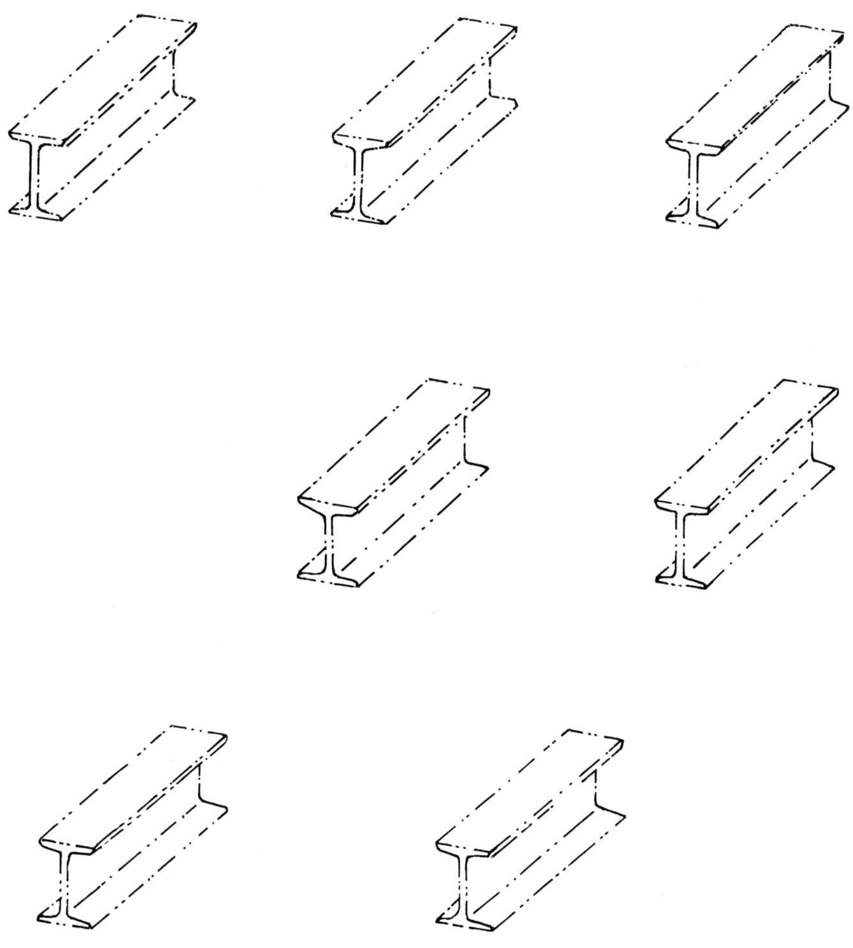

Aufgabe 29 Schlauchtülle

Im vorliegenden Fall soll der Wasserschlauch mit 10 mm Innendurchmesser an ein Gehäuse angeschlossen werden. Am Gehäuseanschluß befindet sich ein 20 mm langes Innengewinde M14 x 1,5. Das fehlende Verbindungsstück zwischen Wasserschlauch und Gehäuse, die Schlauchtülle, ist darzustellen. Festgezogen wird die Schlauchtülle mit einem 24-er Gabelschlüssel (Maulschlüssel).

Aufgabe Entwerfen und gestalten Sie eine Schlauchtülle im Maßstab etwa 2 : 1, Halbschnittdarstellung, die eine dichte Verbindung zwischen Wasserschlauch und Gehäuse gewährleistet. Die darunter befindliche Mittelachse ist für einen weiteren Entwurf vorgesehen.

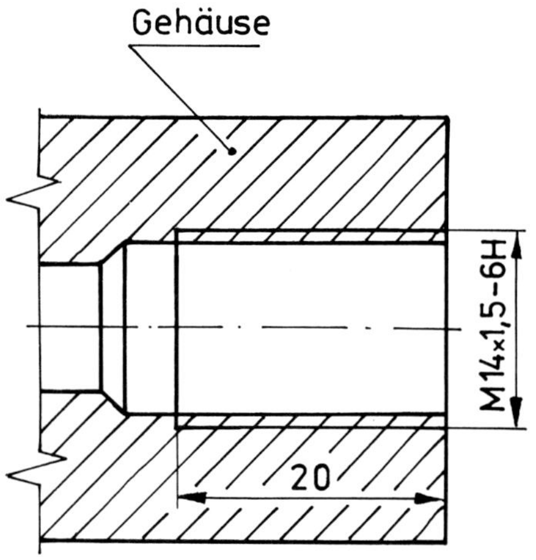

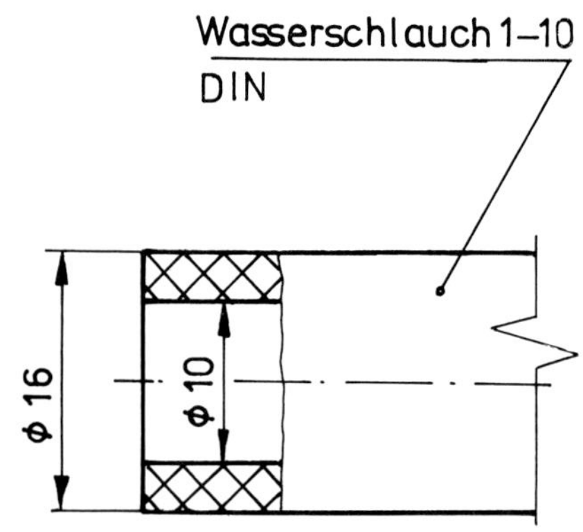

M 2:1

M 2:1

Aufgabe 30 Nabenlager

Die Aufgabenstellung geht von einer Instandsetzungs-Situation aus. Achse und Nabe sind nur in den dargestellten Abmessungen verfügbar. Die Achse soll in der Nabe durch 2 Rillenkugellager drehbar gelagert werden. Die Tabelle zeigt, daß das Rillenkugellager 6001 mit den Maßen:

$$d = 20 \text{ mm}, D = 42 \text{ mm}, B = 12 \text{ mm}$$

den Bedingungen am nächsten kommt. Der Durchmesser *d* stimmt mit dem Durchmesser der Achse überein. Jedoch der Nabendurchmesser ist größer als *D*. Nun geht es darum, eine Lösung zu finden, damit die funktionsexakte Lagerung zwischen Achse und Nabe hergestellt werden kann.

Aufgabe Entwerfen und gestalten Sie eine Halterung, die in die Nabe eingedrückt werden kann und das axiale Verschieben der Nabe verhindert. Die Zeichnung oder Skizze soll fertigungsgerecht ausgeführt werden.

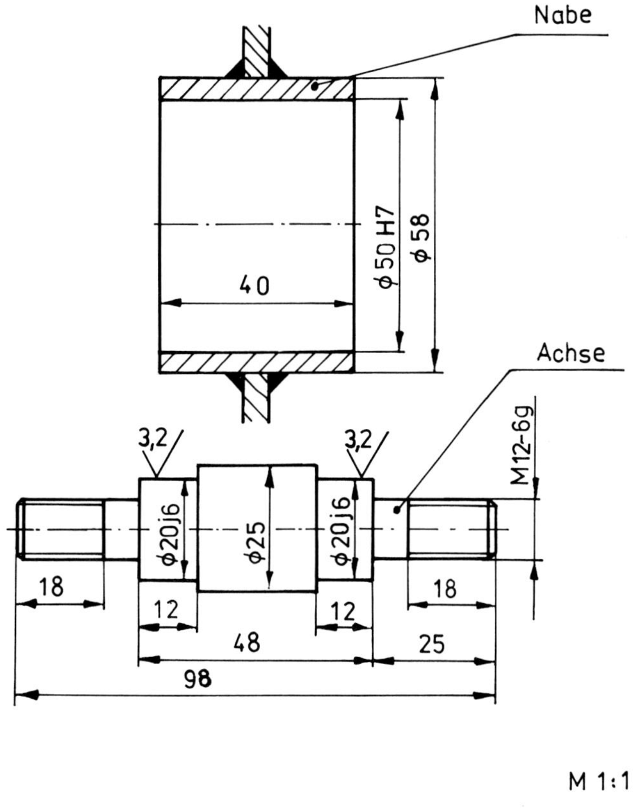

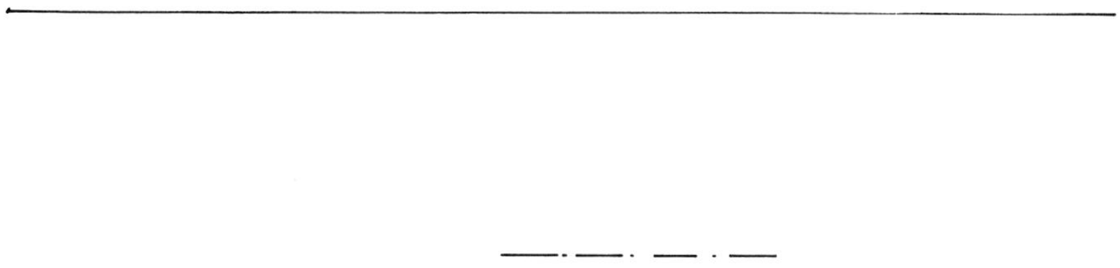

Aufgabe 31 Schraubenverbindungen

Das Arbeitsblatt zeigt 3 praxisrelevante, jedoch noch offengelassene Schraubenverbindungen mit folgenden Besonderheiten: In der oberen Abbildung soll ein U-Stahlträger mit etwa 8 % Flanschneigung fachgerecht durch eine Sechskantschraube mit dem Flachstahl verbunden werden.

Darunter ist eine Klemmutter abgebildet. Sie soll durch eine Sechskantschraube derart festgeklemmt werden, daß sich Klemmutter und Schraube auch bei langanhaltender Erschütterung nicht lösen können.

Die letzte Abbildung zeigt ein Gelenk, das ebenfalls mit einer Sechskantschraube funktionsgerecht, nachstellbar und gesichert zu verbinden ist.

Aufgabe Zeichnen oder skizzieren Sie die noch fehlenden Bohrungen und Sechskantschrauben so in die rechts liegenden Abbildungen ein, daß die obengenannten Bedingungen erfüllt werden. In der oberen und unteren Aufgabe haben Sie 2 Lösungsmöglichkeiten. Bei der Klemmutter zeichnen Sie nur die Bohrungen ein, die Schraube rechts daneben entlang der vorgegebenen Mittelachse.

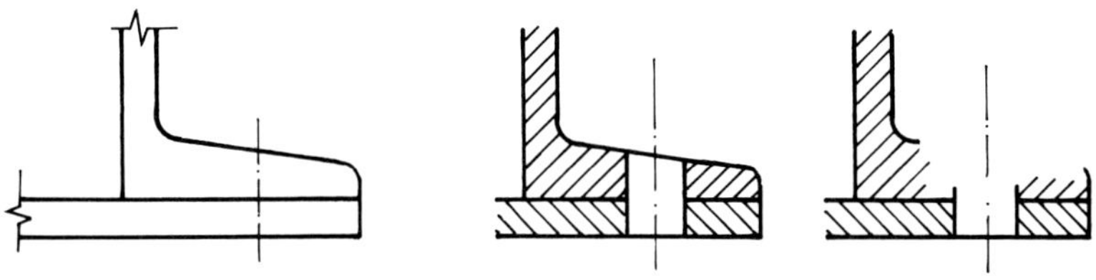

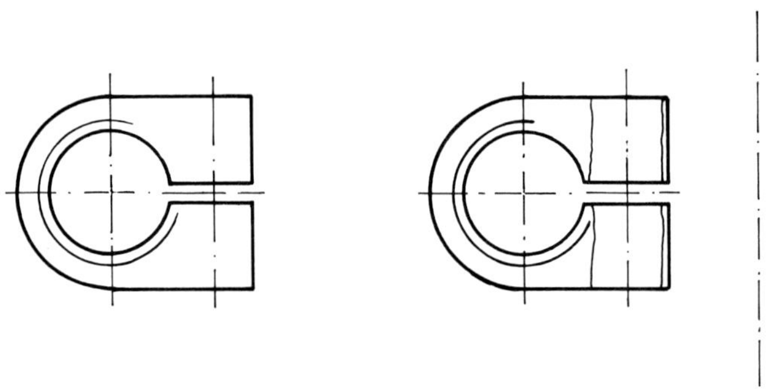

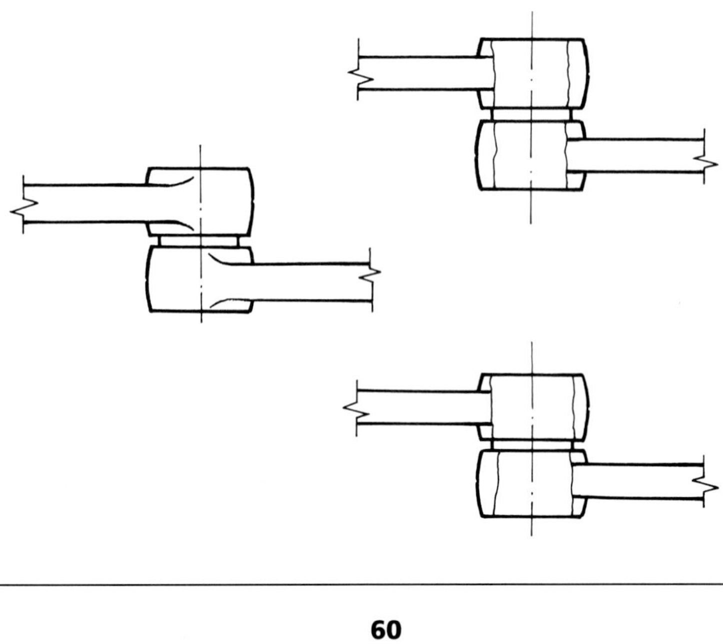

Aufgabe 32 Torfeststeller

Durch die Erneuerung des hölzernen Garagentores ist das Gegenstück des Feststellers zum Offenhalten des Tores verlorengegangen. Das Gegenstück war mit 2 Holzschrauben am Garagentor befestigt. Um die Funktion des Feststellers wieder herzustellen, muß das Gegenstück angefertigt und wieder angeschraubt werden. Zur Anfertigung des Gegenstückes wird eine Skizze mit Bemaßung gebraucht.

Aufgabe Entwerfen und gestalten Sie auf dem karierten Feld des Arbeitsblattes das Gegenstück für die Feststellvorrichtung mit allen zur Fertigung erforderlichen Angaben. Die Abbildung dient Ihnen als Grundlage für die Dimensionierung des Gegenstückes.

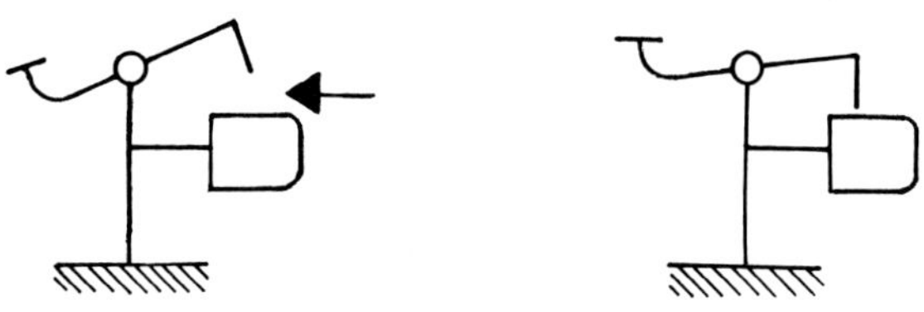

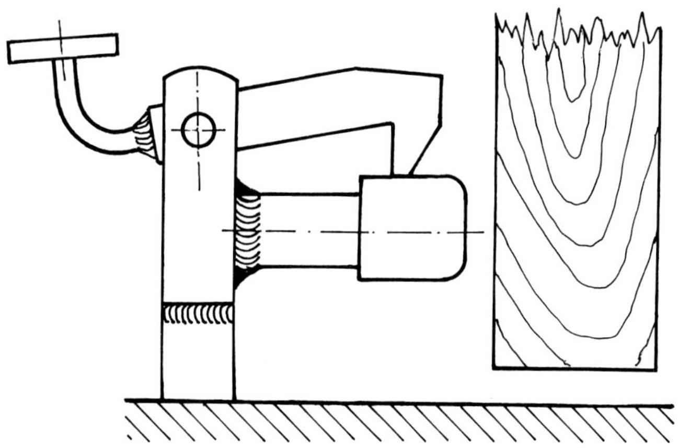

Aufgabe 33 Lenkstange/Zündkerze/Kugelraster

Auf der linken Seite der oberen Hälfte des Arbeitsblattes befindet sich ein Beispiel vom Fahrrad. Abgebildet ist das einseitig geschlitzte Rohrende der Lenkstange, das in dem Rohr der Vordergabel gedreht und verschoben werden kann; die beiden Spannelemente, die eine sichere Verbindung zwischen Lenker und Vordergabel gewährleisten, fehlen.

Aufgabe Ergründen Sie, welche Spannelemente erforderlich sind, um eine sichere Klemmverbindung zwischen Lenkstange und Vordergabel zu ermöglichen. Zeichnen Sie die beiden Spannelemente rechts daneben entlang der vorgegebenen Mittelachse.

Auf der oberen rechten Seite sehen Sie eine Zündkerze mit dem Gewinde M14 x 1,25 und darunter einen Zylinderkopf mit dem früheren Zündkerzengewinde M18 x 1,5. Ein Oldtimer soll mit den neueren Zündkerzen ausgerüstet werden.

Aufgabe Entwerfen und zeichnen Sie auf die Mittelachse unter dem Zylinderkopf im Halbschnitt eine Gewindebuchse (Reduzierstück), die sich durch einen Sechskantansatz fest in das M18 Gewinde einschrauben läßt und die M14 Zündkerze aufnehmen kann.

Die untere Abbildung zeigt den einschraubbaren Teil eines Rastengesperres. Gegenstücke sind Scheiben oder Segmente mit Einkerbungen, in die die Kugel einrastet, um verschiedene Schaltstellungen zu fixieren.

Aufgabe Ergänzen Sie die rechte Hälfte der Halbschnittdarstellung so, daß die obengenannte Funktion des Rastengesperres wirksam werden kann.

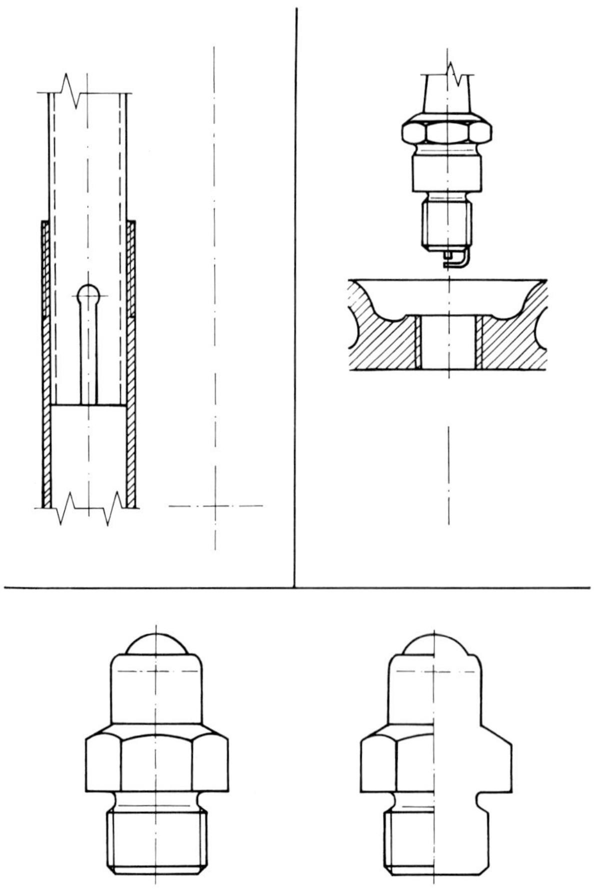

Aufgabe 34 Fensterlädenarretierung

Zur Sicherung der Fensterläden gegen ungewolltes Zuschlagen wurden früher, wie die obere Abbildung zeigt, Kettchen eingehangen. Leichter handhabbar sind im Mauerwerk fest verankerte Arretiervorrichtungen, die beim Öffnen und Anschlagen der Fensterläden ihre Sperre freigeben und selbsttätig wieder schließen. Sollen die Fensterläden geschlossen werden, muß man die Arretiervorrichtung per Hand öffnen. Versuchen Sie, mit dieser kurzen Beschreibung eine konstruktive Lösung zu finden.

Aufgabe Entwerfen und gestalten Sie im Zusammenhang mit dem unten angedeuteten Mauerwerk und dem Fensterladenschenkel eine selbsttätig einklinkbare Arretiervorrichtung zur Sicherung der Fensterläden.

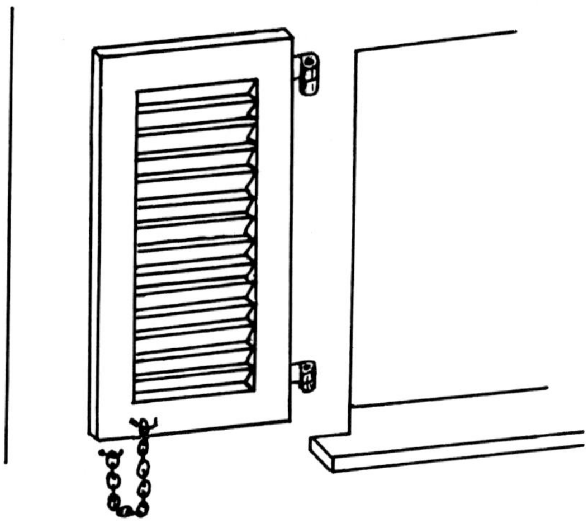

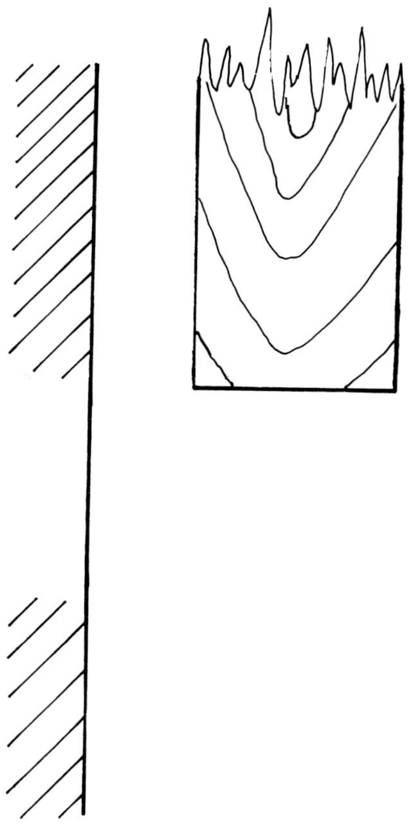

Aufgabe 35 Abziehvorrichtungen

Festsitzende Riemenscheiben, Zahnräder, Radnaben u.a. lassen sich fachgerecht durch Abziehvorrichtungen (Abzieher) von Wellen oder Achsen lösen. Neben industriell hergestellten Abziehvorrichtungen können im handwerklichen Bereich mit etwas Geschick und einer guten maschinellen Ausrüstung spezielle Abzieher selbst hergestellt werden.
Die beiden Verbindungen zwischen Wellenzapfen und Keilriemenscheibe bzw. Radnabe sollen durch Abziehvorrichtungen gelöst werden (das heißt Verankerung der Vorrichtung in der Scheibe bzw. in der Nabe und Abziehen durch einen Gewindebolzen, der auf den Wellenzapfen drückt).

Aufgabe Entwerfen und gestalten Sie je eine Abziehvorrichtung für Keilriemenscheibe und Radnabe so, daß auch größenmäßig auf gleicher Mittelachse die Funktion ersichtlich ist. Den Gewindebolzen darzustellen ist nicht erforderlich. Bedenken Sie, daß mehrere Möglichkeiten der Verankerung des Abziehers gegeben sind.

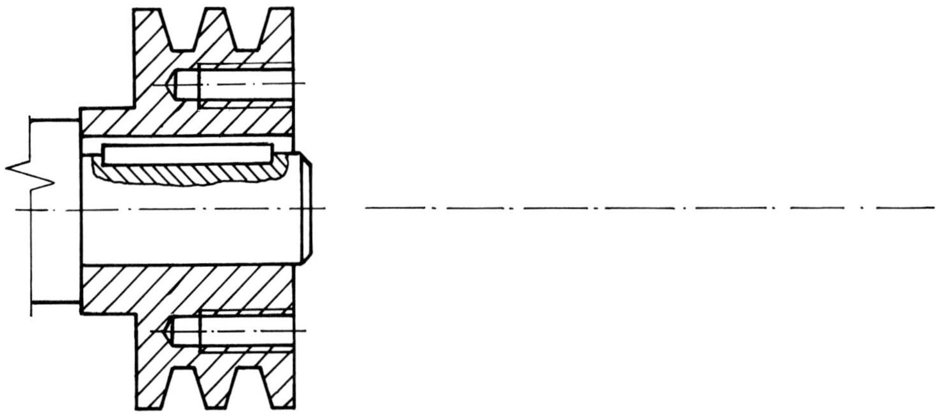

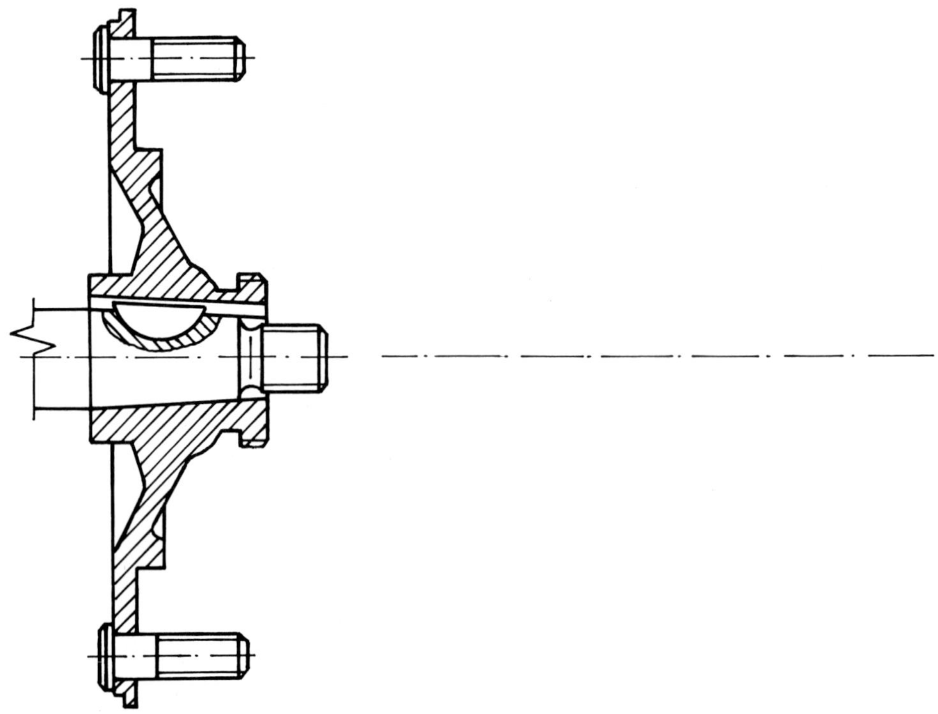